Haftungsausschluss

Marc Hermanus

Minimalismus

Mit weniger zu mehr

1. Auflage 2016

Für alle, die wissen, dass einem sehr wenig zu haben
sehr viel bedeuten kann.

Das Buch

Minimalismus und minimalistische Lebensphilosophie sind die Schlagwörter der letzten Jahre. Der aus den USA kommende Trend ist auch bei uns immer spürbarer. Weniger, einfacher, schlichter - minimalistisch zu leben bedeutet aber wesentlich mehr, als lediglich seine Garage und seinen Kleiderschrank zu entrümpeln. Das haben wir auch vorher schon getan.

Minimalismus steht für ein Leben mit weniger von vielem, aber dafür mit viel Lebensqualität und eindeutigen Zielen. Der Autor führt deshalb in diesem Buch auf amüsante, unterhaltsame, und vor allem klare Weise den Leser Schritt für Schritt hin zu den wichtigen Dingen für ein minimalistisches und selbstbestimmtes Leben. Er erklärt, wie man seine Ziele findet, welche Fallen man meiden sollte und wie man sein ganzes Leben nach klaren minimalistischen Grundsätzen plant: Einfachheit, Effizienz, Zielgerichtetheit, Klarheit und persönliche Freiheit.

Dieses Buch bringt die Dinge auf den Punkt. Und es ist alles, was du brauchst.

Inhaltsverzeichnis

Vorwort

Minimalismus als Lebensstil ist in den letzten Jahren zu einem viel beachteten Trend geworden - in den USA sogar noch mehr als bei uns. Die ursprüngliche Idee des Minimalismus hat dabei oft ungeahnte und reichlich absurde Auswüchse erlebt. Viel Unsinniges und wenig Zielführendes wurde dabei propagiert - oft auch in dem Wunsch, erst recht wieder Leuten etwas zu verkaufen.

Das nachfolgende Buch soll wieder zum Kern des Minimalismus zurückführen und dir ganz praktisch helfen, zu erkennen, wie du in deinem Leben freier, unabhängiger und glücklicher sein kannst. Und zwar mit dem, was du wirklich brauchst - klar und zielgerichtet.

Was bedeutet Minimalismus?

Viele können mit dem Begriff Minimalismus als Lebensstil erst einmal nur wenig anfangen. Irgendwie klingt das nach … nun, nach sehr wenig - so ein bisschen mönchhaft, nach spartanisch und ärmlich. In Wirklichkeit trifft aber genau das Gegenteil zu.

Tatsächlich bedeutet Minimalismus, die eigenen Ziele mit einem Minimum an Aufwand auf direktem Weg zu erreichen und sich dabei nicht von Dingen ablenken zu lassen, die man nicht will.

Minimalismus ist also ein Verzicht auf Überflüssiges, auf Umwege und auf alle Dinge, die uns nur ablenken. In der obenstehenden Definition gibt es daneben noch ein weiteres wichtiges Wort: eigenen. Es geht vor allem darum, die eigenen Ziele zu erreichen - die, die man tatsächlich für sich erreichen möchte, und nicht die, die einem jemand anders vorgibt. Das ist ein ganz wesentlicher Bestandteil von Minimalismus - dass man seine Ziele selbst wählt. Und sie dann auf direktem Weg anstrebt und sich nicht ablenken lässt.

Minimalismus und Besitz

Minimalismus wird vielfach mit wenig Besitz in Verbindung gebracht. Das hat in gewissem Umfang auch seine Richtigkeit. Vieles, was wir an Besitz mit uns schleppen, belastet uns oft nur - in unserem Leben sammeln sich viele Dinge, die wir gar nicht brauchen. Die Reduktion von Besitz ist dabei allerdings nicht Selbstzweck. Der (typisch amerikanische) Wettbewerb, wer mit soundso vielen Dingen gerade noch irgendwie seinen Alltag bewältigen kann - Stichwort 100-Things-Challenge - ist eher ein Auswuchs gelangweilter und wettbewerbssüchtiger Gehirne, als tatsächlich ernsthafter Minimalismus.

Minimalismus soll das Leben erleichtern, indem es uns von Überflüssigem befreit - und nicht eine Tonne neuer Probleme schaffen, weil wir manche Dinge nicht mehr besitzen dürfen. Das würde auch im krassen Widerspruch zur Selbstbestimmung beim Minimalismus stehen. An einer von anderen vorgegebenen Zahl festzumachen, was man besitzen darf, ist ja alles andere als selbstbestimmt. Solche Spiele sind ausgemachter Quatsch und haben mit einer minimalistischen Lebensphilosophie nicht das Geringste zu tun. Es geht am Ende darum, herauszufinden, was du persönlich wirklich brauchst und was nicht.

Einfache Lösungen finden

Unsere Welt ist sehr kompliziert geworden. Eine Fülle von Möglichkeiten in allen Bereichen zwingt uns praktisch dazu, ständig auszuwählen, was wir wollen und abzuwählen, was wir nicht wollen. Das kann mitunter recht anstrengend sein. Vor allem braucht man zuerst eine klare Leitlinie und eine Vorstellung, was man möchte, um dann zu entscheiden, was man braucht. Umgekehrt funktioniert das leider nicht.
Die Frage läuft dabei auf Folgendes hinaus: Wir können in unserer Welt so ziemlich alles kaufen, alles tun und

alles erleben - aber bringt uns das weiter? Worauf kommt es an, was ist das Wesentliche und das Notwendige für unseren Weg? Und damit sind bei weitem nicht nur Konsumartikel gemeint. Auch in der Art, wie wir unser Leben leben - in persönlichen Beziehungen, in unseren Problemlösungen steckt oft viel zu viel Ballast. Vieles würde oft leichter gehen. Das bedeutet anfangs ein wenig nachdenken und sortieren, entlastet uns auf lange Sicht aber enorm. Wenn wir schon eine Fülle von Möglichkeiten haben, warum nutzen wir sie nicht zu unserem Vorteil, statt uns davon erschlagen zu lassen?

Die Benefits - was bringt Minimalismus

In drei einfachen Worten: Klarheit, Zielgerichtetheit und Effizienz. Wir bekommen die Möglichkeit, uns den Dingen zu widmen, die uns tatsächlich wichtig sind und uns etwas bedeuten. Im Einzelnen zieht das aber noch viele andere positive Effekte nach sich.

Mehr Freiheit, Unabhängigkeit und Selbstbestimmung

Das Gefühl, dabei zu sein, das zu tun, was wir wirklich wollen, ist sehr viel befriedigender, als ständig das zu tun, was andere von uns wollen. Es bedeutet die Freiheit, sein Leben selbst zu leben und zu bestimmen, statt immer nur der Hampelmann zu sein.

Mehr Klarheit
Wer sein Leben nach seinen eigenen Zielen ausrichtet, betrachtet Dinge mit viel mehr Klarheit. Das hilft einem, im Dschungel der Möglichkeiten Orientierung zu finden

und den täglichen Stress zu vermindern, indem man all den Dingen, die man nicht möchte, meist schon von vornherein ausweicht.

Ziele schneller und einfacher erreichen

Echte Minimalisten gehen schnurstracks auf ihre Ziele zu und kümmern sich nur wenig um Ablenkungen. Während andere Menschen oft Jahrzehnte brauchen, um ihre Träume zu erfüllen - und manche sie überhaupt nie erfüllen - gelingt es Minimalisten sehr oft schon in wenigen Jahren. Ein gerader Weg ist immer auch ein kurzer Weg.

Mehr Zeit

Auch Besitz belastet - und verschwendete Zeit ist unwiederbringlich verloren. Wenn wir uns auf das Wesentliche konzentrieren und den Ballast abwerfen, haben wir plötzlich wieder viel mehr Zeit. Zeit für uns, für die Dinge und die Menschen, die uns in unserem Leben wichtig sind.

Mehr Geld

In den meisten Fällen ist das tatsächlich so. Wer eine klare Vorstellung davon hat, was er braucht und was nicht, ist weniger gefährdet, Geld für sinnlose Dinge zu verschwenden. Das, was wir tatsächlich brauchen, ist so ziemlich immer deutlich weniger als das, was wir gewöhnlich so um uns herum anhäufen. Das Maß aller Dinge ist aber immer jeder persönlich.

Und ...

Zahlreiche weitere Vorteile, die sich oft als indirekte zusätzliche Gewinne ergeben. Weniger Stress zu haben wirkt sich auch positiv auf die Gesundheit und deine innere Gelassenheit aus - und die Zeit zu haben, sich um die Menschen zu kümmern, die einem wirklich wichtig sind, verbessert Beziehungen oft enorm und macht sie noch viel wertvoller. Die meisten stellen nach einiger Zeit auch fest, dass sich eine gewisse Leichtigkeit breitmacht, dass man plötzlich spielend leicht mit allen Dingen klar kommt, bei denen man früher nur komplett erschöpft hinterhergehechelt ist. Im Grunde verändert Minimalismus das ganze Leben - und das spürt man.

Was es braucht

Außer diesem Buch - und das hast du ja schon - und dem Willen, sich ernsthaft auf den Weg zu machen: Ziele finden, herausfinden, was unseren Zielen dient und was nicht sowie uns Stück für Stück von unserem Ballast befreien, der uns daran hindert, frei zu sein und frei dorthin zu gehen, wohin wir tatsächlich hingehen wollen.

Das geht nicht über Nacht (auch wenn das gelegentlich mal vorkommt), sondern braucht manchmal etwas Zeit. Und es erfordert Nachdenken und Konzentration. Das ist aber auch schon alles, was nötig ist.

Was du mit diesem Buch tun solltest

Um Minimalist zu werden, braucht es vor allem Taten. Wenn du dieses Buch liest, es danach ins Bücherregal legst und dich dann als Minimalist fühlst, weil du das Buch gelesen hast, dann bist du schief gewickelt. Minimalismus fängt erst danach an. Wenn du es in den Schrank legst, ist es nur ein weiterer, überflüssiger Konsumartikel.

Das Buch soll dich auf dem Weg unterstützen, dir Dinge bewusst machen und hilfreiche Strategien, wie du von einem Zuviel zum Genug kommst, aufzeigen. Es soll dich auf einzelne Punkte aufmerksam machen, soll dir helfen, Probleme dabei zu meistern und nicht in die Konsumfalle zu tappen, die hinter jeder Ecke lauert. Das ist der Zweck.

Versuch auch nicht, alles auf einmal zu verändern. Das wäre unklug. Oft geht es schnell, einzelne Bereiche zu ändern, weil es einem schon lange klar ist, dass man es so, wie es ist, nicht mag. In anderen Bereichen erfordert es mehr Zeit zum Nachdenken. Und diese Zeit, über Dinge nachzudenken, solltest du dir auch immer geben. Nachdenken ist das wichtigste bei all dem.

"Das Leben ist eigentlich ein sehr einfaches und klares Ding. Nur die Menschen scheinen Umwege und Irrwege zu lieben".

[Lao Tze, chinesischer Philosoph]

Teil 1: Die Basics

Dieser erste Teil des Buches ist der grundlegende Teil - das harte Fundament sozusagen. Er wird dir helfen, etwas klarer darüber zu werden, worum es eigentlich geht, und dir die grundlegenden Überlegungen des Minimalismus vermitteln. Du solltest ihn deshalb nicht leichtfertig überspringen.

Keine Angst. Es wird gar nicht theoretisch langweilig, versprochen. Zu jedem Unterkapitel gibt es auch einige Anregungen für eigene Überlegungen, denen du nicht ausweichen solltest – auch wenn sie manchmal zu etwas unbequemen Wahrheiten führen können. Genau diese Erkenntnisse sind aber das stabile Fundament, das dir hilft, dein Leben selbst in die Hand zu nehmen und dir nicht mehr ein X für ein U vormachen zu lassen, sondern vor allem selbst zu denken.

Selbst zu denken ist ohnehin das wichtigste Werkzeug in jedem menschlichen Leben. Und es ist bei Gott keine Schande, sondern das genaue Gegenteil. Wer nicht selbst denkt, sondern immer nur brav nachplappert und wie ein Schaf den Schafen folgt, der bestimmt in seinem Leben nämlich gar nichts. Und das führt? Genau, nirgendwohin! So, nun aber mitten hinein!

Die Jeder-kann-alles-haben-Lüge

Wir leben in einer Zeit des Überflusses und in einer Zeit der unbegrenzten Möglichkeiten. In einer Alles-ist-möglich-Zeit. So scheint es zumindest. Und diese Philosophie bringt uns dazu, auch immer alles haben zu wollen - egal ob das überhaupt geht und ob das überhaupt noch irgendeinen Sinn macht.

Und eigentlich ist diese von allen so verherrlichte Philosophie der unbegrenzten Möglichkeiten eine simple Lüge. Nicht jeder kann alles haben (und alles werden).

Die Erklärung dafür ist ganz einfach: Alles, was man haben möchte, hat auch einen Preis. Und um alles zu haben, müssten wir auch unendlich viel an Gegenwerten aufzubieten haben - was wir aber nicht haben. Du kannst dir so viele Ferraris kaufen, wie du möchtest: wenn du sie bezahlen kannst.

Dazu kommt noch ein anderer Aspekt. Um etwas zu erwerben oder den notwendigen Gegenwert dafür zu schaffen, brauchen wir Zeit. Du kannst alle Sprachen der Welt lernen - wenn du Zeit genug hast. Insgesamt gibt es rund 7.000 Sprachen auf der Welt. Um eine Sprache einigermaßen gut zu lernen (abgesehen von ein paar ganz schwierigen) brauchst du rund ein Jahr. Wenn du also siebentausend Jahre Zeit als Gegenwert investieren kannst, kannst du alle Sprachen der Welt lernen. In diesem Fall ist Zeit der Gegenwert, es muss nicht immer Geld sein. Und Zeit ist eine endliche (und sehr kostbare) Ressource.

Und einen dritten Punkt müssen wir noch bedenken: Die vorhandenen Rohstoffe auf unserem Planeten sind begrenzt. Wusstest du, dass unsere Eisenvorräte (und damit die Stahlvorräte) gerade noch für 100 Jahre reichen? Stahl und Eisen! Diese Hochrechnung stammt allerdings aus dem Jahr 2001, mittlerweile verbrauchen wir doppelt so viel pro Jahr. Wir können also getrost von vielleicht etwas mehr als 50 Jahren ausgehen - dann ist Schicht im Schacht. Es wird also wohl nicht mehr reichen, um noch jedem auf der Welt einen BMW zu bauen. So etwas sind nur die wilden Fantasien irgendwelcher geistesgestörten Marketingidioten ohne jede Bodenhaftung.

Halten wir also fest: DU KANNST NICHT ALLES HABEN. DEIN GELD UND DEINE ZEIT REICHEN DAFÜR NÄMLICH NICHT. Und die Ressourcen unseres Planeten reichen auch nicht für alle.

Du kommst jetzt vielleicht an und sagst mir: „Ich will ja gar nicht alles, ich weiß das ja." Dann wollen wir jetzt einmal ein kleines Spektakel veranstalten.

Die unendliche Kreditkarte: Stell dir vor, du gewinnst bei einem Wettbewerb der Superreichen der Welt einen sagenhaften Preis und darfst eine Woche lang eine Kreditkarte nach Herzenslust benutzen - ohne jedes Limit. Alles, was du kaufst, darfst du danach auch behalten. Was für ein tolles Geschenk. Lass dich einmal auf diese Vorstellung ganz ein.

Und nun nimm' dir ein Blatt Papier und einen Stift (oder dein Smartphone oder Tablet). Immerhin willst du deine 7 Tage ja möglichst erfolgreich verbringen, eine solche Chance bekommst du nie wieder. Du solltest deine Käufe daher im Voraus etwas planen. Schreib also auf, was du in diesen 7 Tagen der Reihe nach alles kaufen möchtest: Montag, Dienstag, die anderen Wochentage. Sei zeitlich dabei bitte realistisch: Wie lange brauchst du, um ein Haus zu finden und zu kaufen? Wie lange brauchst du, um dies oder das zu beschaffen? Setze bitte realistische Zeiträume an. Wozu das alles? Das erkläre ich dir später. Schreib bitte zunächst einmal alles gründlich auf.

So, fertig? Wie sieht deine Liste aus? Sehr lang? Kamst du deinen Ideen überhaupt noch mit dem Schreiben hinterher? Oder ist sie eher kürzer ausgefallen? Wie viel Geld hast du ausgegeben, so geschätzt?

Ganz egal, wie deine Liste ausgefallen ist: Sie ist NICHT das, was du wirklich willst - jedenfalls zu weiten Teilen nicht. Das mag dich im ersten Moment schockieren. Vielleicht bist zu auch von dir selbst entsetzt, was für ein unglaublicher Verschwender du bist - völlig ohne Maß und Ziel. Aber keine Sorge, die meisten Menschen reagieren so. Es ist das, was die tief verinnerlichte Fantasie des Jeder-kann-alles-haben ständig mit uns macht. Wir achten nur noch auf das, was wir haben können, aber überhaupt nicht auf das, was wir tatsächlich brauchen oder wollen oder was uns gut tut oder glücklich macht. Wir achten nur auf das, was wir haben könnten.

Das hat weitreichende Konsequenzen: Wir haben ständig ein Gefühl des Mangels, wir sind nie richtig zufrieden und haben immer das nagende Gefühl, dass wir gar nicht bekommen, was wir eigentlich wollen. Wir schleppen eine Tonne unerfüllter Träume mit uns herum und fühlen uns oft mies, weil wir auf dem Weg dorthin nicht weiterkommen. Und wenn das Geld mal wieder nur gerade so reicht, werden wir oft richtig missmutig. Und das alles wegen so einer blöden, vollkommen irren Illusion, dass jeder alles haben kann. Es kann NICHT jeder alles haben. Und es ist reichlich blöd, das zu glauben.

Wenn deine Liste übrigens etwas kürzer, recht pragmatisch und down-to-earth ausgefallen ist, dann bist du entweder schon etwas älter oder schon ein Stückchen weiter auf dem Weg der notwendigen Erkenntnis.

Nach all den trüben Aussichten nun zum Ende des Kapitels eine gute Nachricht:

Du kannst haben, was du möchtest, wenn du eine klare, kleine Auswahl triffst und bereit bist, den Preis an Anstrengung, Zeit und Geld zu investieren, der jeweils dafür notwendig ist.

Denn in der Auswahl bist du frei. Absolut. Das ist die gute Nachricht. Und hier genau beginnt Minimalismus: bei der richtigen Auswahl. Wir werden das Spiel mit der Kreditkarte am Ende des Buches noch einmal wiederholen. Und du wirst womöglich selber von dir überrascht sein, wie deine Antwort dann ausfällt - und wie glücklich du dich dann schon fühlst.

Konsum, Konsum, Konsum

Wir leben in einer Welt, in der praktisch alles mit Geld gemessen wird. Es scheint fast so, als ob:

Dinge, die man nicht mit Geld kaufen kann, existieren eigentlich gar nicht in unserer Welt. Am Ende ist alles ein Geschäft.

Das ist natürlich absoluter Quatsch. Geld ist lediglich ein Mittel, um den Handel mit Dingen zu erleichtern. Aber so, wie man auch keinen Liter Brot abmessen kann, kann man auch mit Geld nicht alle Werte beziffern. Leider tun wir das viel zu oft. Und unser Geld (das, was wir haben, und das, was wir (noch) nicht haben) beherrscht uns - anstatt wir das Geld. Das ist eine sehr gefährliche Verschiebung der Positionen. So viel aber nur einmal vorweg.

In unserer Konsumgesellschaft haben wir eine klare Aufgabe: Wir sind die Konsumenten. Das heißt, wir haben den Müll zu kaufen und zu verbrauchen (darum das beamtendeutsche Wort Verbraucher), den die anderen im Schweiße ihres Angesichts herstellen. Sonst wäre das ganze Produzieren ja sinnlos, ne?

Und eine Wohlstandsgesellschaft ist nach gängiger Definition eine solche, bei der alle so wohl gestellt sind, dass sie kaufen können, wonach es ihnen gelüstet, wodurch sie vollwertige Teilnehmer an dem Spiel sind.

Warum "Spiel"? Zu Beginn der Industrialisierung, im 19. Jahrhundert, diente die Massenproduktion vor allem dazu, allen Menschen Zugang zu Gütern zu gewähren, die sie wirklich brauchen und für die es echte Bedürfnisse gab (niemand sollte mehr ein Jahr für einen Kochtopf sparen müssen). Man wollte mit der billigeren Massenproduktion alles Lebensnotwendige für jeden erschwinglich machen und dabei auch noch vielen Menschen geregelte und sichere Arbeit in den Fabriken geben. Das war ein hehres Ziel, allerdings ging es nicht allen Menschen wirklich gut mit ihrer Arbeit. Die Ungleichheit zwischen den Massen und einigen wenigen Reichen war so groß wie nie zuvor in der Menschheit.

Nach dem Zweiten Weltkrieg, als der Wiederaufbau anlief, ging dieses Spiel wieder von vorne los. Allerdings war die Produktivität sehr hoch und innerhalb von wenigen Jahren waren die grundlegenden Bedürfnisse quasi erfüllt. Beinahe jeder Haushalt hatte einen Kühlschrank, einen Fernseher, ein Auto - oder sogar zwei - und einen Haufen Porzellan im Schrank. Nun musste also etwas Neues her, denn das, was grundlegend notwendig war, war vorhanden - also nicht mehr verkäuflich. Man musste aber weiterhin etwas produzieren und verkaufen, da die Wirtschaft ja sonst nicht lief, und es auch keine Arbeitsplätze mehr geben würde - ein Dilemma.

Man erfand etwas mit großer, nachfolgender Wirkung: Man erfand die Innovation. Wenn man ein bestehendes Produkt nahm und es (vielleicht auch nur geringfügig) verbesserte, konnte man es wieder neu verkaufen - als Neuheit. Das alte wurde dann weggeschmissen. Viele der Vorteile waren dabei nicht der Rede wert, aber man konnte neue Ideen finden, wie man einzelne Lebensbereiche noch schneller, komfortabler und bequemer - und scheinbar effizienter - machen konnte. Marketing und Werbung waren erfunden. Verkaufen war von da an alles. Und für die andere Seite bedeutete das zwangsläufig: Kaufen ist alles.

Von da an spielten die realen Bedürfnisse von Menschen kaum mehr eine Rolle - was man produziert, so sinnlos es auch ist, muss man unter dem Vorwand eines Vorteils an den Mann bringen, koste es, was es wolle. Und mittlerweile ist Werbung und der gesellschaftliche Druck so allumfassend und ausgeklügelt geworden, dass wir uns dem kaum mehr entziehen können. Und wenn wir die Illusion haben, dass wir tatsächlich selbst die Entscheidungen treffen, dann ist das genau das: eine gut gemachte Illusion. Warum das so ist?

Die größten Konsum-Fallen

- die Jagd-, Sammel- und Vorsorgetrieb-Falle

- die Gesellschaftsdruck-Falle

- die Partnerwahl-Falle

- die Perfektionismus-Falle

- die Gönn-dir-was-Falle

Wir alle tragen ein evolutionäres Erbe in uns. Wenn man uns daran packt, sind wir hilflos, wenn wir uns nicht wirklich bewusst und mit Anstrengung entgegenstellen. Unsere Vernunft ist den Urtümlichen, die wir immer noch in uns tragen, oft hilflos unterlegen. Wir sind von unserer genetischen Anlage her immer noch die Menschen der Eiszeit, die um ihr Überleben kämpfen - ob uns das nun gefällt oder nicht. Es ist nun einmal eine Anlage und die lässt uns in bestimmter Weise reagieren. Wir haben aber auch die Fähigkeit, nachzudenken, bewusst hinzusehen und vernünftige statt instinktive Entscheidungen zu treffen. Wenn wir erst einmal erkennen, wo wir gepackt werden, können wir uns durchaus wehren, statt Schafe zu sein.

Der Jagd-, Sammel- und Vorsorgetrieb

Du bist ein Eiszeitmensch und streifst durch den Wald. Aus dem Augenwinkel siehst du ein paar Beeren an einem Strauch. Du nimmst sie mit, du kannst sie brauchen. Unter dem Baum da drüben stehen ein paar Pilze. Du nimmst sie mit, du kannst sie brauchen. Auf dem Pfad vor dir liegt eine gut gearbeitete Pfeilspitze. Du steckst sie ein, weil sie dir bei der nächsten Jagd helfen wird, besser zu treffen. Du musst das alles tun, es ist sinnvoll, weil es dein Überleben sichert. Aufmerksam sein und sammeln ist überlebensnotwendig, wenn du ein Eiszeitmensch bist. Jeder Vorteil, den du ergattern kannst, sichert dir das Überleben ein bisschen besser.

Heute müssen wir nicht mehr um unser Überleben kämpfen. Wir können notfalls auf Händen und Knien die 100 Meter zur nächsten Dönerbude kriechen und uns dort ein Jahr lang satt essen. Trotzdem reagieren wir genauso wie der Eiszeitmensch: Wir halten permanent nach möglichen Vorteilen Ausschau. Etwas, das uns besser, stärker, angesehener oder erfolgreicher macht. Es ist ein evolutionäres Programm, das wir nicht so einfach abstellen können. Aber wir können es hinterfragen.

Wenn wir heute im Primark zwanzig Unterhosen kaufen, „weil sie so billig sind", sagt unser evolutionäres Programm: „Das hast du gut gemacht. Du hast vorgesorgt, jetzt kann nichts passieren und du hast für eine große Menge nur wenige Ressourcen geopfert." Und wir haben irgendwie ein befriedigtes Gefühl. Und wenn wir das neueste Handy gekauft haben, sagt uns unser evolutionäres Instinktbewusstsein: „So, jetzt bist du wieder ein bisschen besser gerüstet für die Herausforderungen, die da kommen." Wie bei der Pfeilspitze – nur dass das schon ein paar Jahre her ist und unsere Welt sich seither etwas verändert hat.

Natürlich ist das Blödsinn - aber so ticken wir nun einmal. Evolutionäre Instinkte funktionieren nur dann wie geschmiert, wenn wir nicht darüber nachdenken müssen, sondern sie automatisch tun. Und darum denken wir auch so selten darüber nach. Aber wir könnten immerhin - so ab und an.

Überleg mal: Wo geht es dir genauso? Wann bist du das letzte Mal in diese Falle getappt und hast etwas gekauft, weil es billig war, nur noch wenige Stücke verfügbar oder reduziert? Und ohne dass du wirklich darüber nachgedacht hast, ob du es tatsächlich brauchst?

Der Gesellschaftsdruck

Dazugehören ist ebenfalls ein evolutionärer Trieb des Menschen. Wenn wir von einer Gruppe ausgestoßen oder gemieden wurden, kam das in der Eiszeit noch einem Todesurteil gleich. Wenn wir uns das Wohlergehen der Gruppe nicht sicherten, uns nicht anpassten, liefen wir Gefahr, nicht mehr dazuzugehören und ausgestoßen zu werden. Wir würden nicht mehr im Schoß der Gruppe geschützt und umsorgt und könnten nicht mehr an der gemeinsamen Jagdbeute, an den Erfolgen und am Gruppenleben am warmen Feuer teilhaben. Der ausgestoßene Eiszeitmensch ist einsam, ungeschützt und in wenigen Monaten wahrscheinlich tot, weil er sich allein auf sich gestellt nicht ausreichend schützen kann.

Der Trieb, sich anzupassen, sich das Wohlergehen der Gruppe zu sichern, nicht gemieden zu werden, ist heute noch genauso genetisch in uns vorhanden wie damals. Nicht richtig dazuzugehören, anders zu sein, ausgegrenzt oder nicht akzeptiert zu werden, bereitet enorm schlimme Gefühle und massive Ängste. Nicht wenige Menschen zerbrechen regelrecht an einer solchen Situation und ihren inneren Gefühlen dabei und tun alles, um sich verzweifelt anzupassen und das Wohlergehen der Gruppe zu sichern.

Wir sind aber heute keine Eiszeitmenschen mehr. Wir können auch allein oder in einer sehr kleinen Gruppe ohne Risiko überleben. Und da unsere Gesellschaft heute aus sehr vielen verschiedenen Gruppen besteht, wird es ohnehin immer eine Gruppe geben, die uns meidet.

Dafür aber auch eine andere, die uns schätzt. Man muss halt eben nur die richtige Gruppe finden.

Diesen Urtrieb und die damit einhergehenden Gefühle und Ängste kann man natürlich hervorragend nutzen, um Menschen zu etwas zu bewegen. Das Ergebnis sind dann die Man-muss-Regeln oder Trends einer Gesellschaft. Man muss sich modisch kleiden (wobei Mode immer das ist, was gerade in den Läden verfügbar ist), man muss dieses und jenes haben. Man muss diese und jene Sache kaufen und benutzen oder man bekommt einen Trend vor die Nase gesetzt und hat das Gefühl, dass man dem folgen sollte, weil die Masse das (oft nur angeblich) tut und will. Und wer etwas anderes tut (da kommt der Trieb ins Spiel), läuft Gefahr, ausgegrenzt zu werden.

Wenn man etwas zum Trend oder für „in" erklärt oder auf ausgeklügelten Wegen in der Gesellschaft verbreitet und die Masse zu einem positiven Urteil darüber bringt, kann man sehr gut dafür sorgen, dass man etwas laufend und in großer Menge absetzt. Das gilt sogar für ganze Marken. Vernunft spielt bei der Kaufentscheidung dann keine Rolle mehr.

Überleg mal: Wo hast du Angst, anders zu sein, aufzufallen oder abgelehnt zu werden? Was meinst du, muss man unbedingt haben, um gesellschaftlich anerkannt zu sein? Stimmt das wirklich oder denkst du das nur? Such Gegenbeispiele, wenn du dir nicht sicher bist. Was musst du in der Öffentlichkeit zeigen?

Die Partnerwahl-Falle

Evolutionär ist es für jede Spezies und für jedes Individuum wichtig, sich möglichst erfolgreich zu vermehren. Dabei ist es notwendig, sich möglichst vitale, kräftige und in der Gruppe angesehene Partner auszusuchen, die einen gut versorgen können. Jemanden, der nicht Gefahr läuft, mit seiner Familie ausgestoßen zu werden und den Nachwuchs damit dem sicheren Tod in der Wildnis zu überlassen. Damit eben das nicht passiert und wir uns möglichst optimal fortpflanzen, hat die Natur vorgesorgt.

Unser Eiszeitmenschentrieb drängt uns dazu, möglichst nach jugendlichen, attraktiven und angesehenen Partnern Ausschau zu halten und diesen möglichen Partnern möglichst zu gefallen. Wir wollen attraktiv sein. Soziologische Studien haben eindeutig gezeigt, dass Männer sich deutlich risikoreicher und Eindruck heischender verhalten, wenn attraktive Frauen in der Nähe sind - und zwar in 100 Prozent der Fälle.

Sex sells. Natürlich. Allein die bloße Aussicht, bei einer Partnerwahl möglicherweise bessere Chancen zu haben und höheres Ansehen unter potenziellen Sexualpartnern zu genießen, reicht. Da reagieren wir oft ganz schnell und Dinge werden unwiderstehlich.

Nüchtern betrachtet sind viele dieser Entscheidungen aber natürlich völliger Quatsch. Eine coole Hose der Marke XY beschert uns keine Frau und bringt dir nicht die Nachbarin ins Bett. Nicht direkt und noch nicht einmal indirekt. Aber wir treffen nicht immer bewusste

Entscheidungen, sondern reagieren oft nur auf unterbewusst suggerierte Versprechungen.

Und der Wunsch cool - also kühl - zu sein, entspringt allein dem Wunsch zu demonstrieren: „Hey, ich bin stark, hab alles unter Kontrolle und ich bin ein starker und verlässlicher Partner." Und wenn etwas angesagt ist, rührt das daher, dass irgendjemand oder irgendetwas angesagt hat, dass alle so sein sollten. Überleg mal, woher alle diese „in"-Worte kommen und warum man gerade diese verwendet.

Die beruhigende Botschaft ist: Du kannst ruhig du selbst sein. Die Leute, die dich wirklich mögen, mögen dich trotzdem. Vielleicht dann sogar noch ein bisschen mehr - denn dann bist du authentisch. Es hängt überhaupt nicht davon ab, was du kaufst oder was du an Zeug in der Küche stehen hast.

Überleg mal: Was würde potenzielle Partner total abtörnen, wenn du es nicht hättest? Was lässt dich wie zweite Wahl aussehen? Wenn dich jemand tatsächlich deshalb ablehnen würde - dich als Person überhaupt nicht wahrnehmen würde - was würdest du über diesen Menschen denken? Wäre er es überhaupt wert?

Die Perfektionismus-Falle

Kehren wir gedanklich noch einmal zu unserem Eiszeitmenschen und der Pfeilspitze zurück:
Ein leistungsfähigeres Gerät bringt viele, sehr wichtige Vorteile. Die Pfeilspitze kann treffsicherer sein und ein Tier töten, das sonst vielleicht davongekommen wäre.

Man kann damit mehrere Tiere schneller töten. Das bedeutet Nahrung statt keine Nahrung - sogar mehr Nahrung. Und damit bedeutet es auch überleben. Gleichzeitig ist man als Besitzer eines solchen Zauberwerkzeugs ein sehr angesehenes Mitglied in der Gruppe und bei potenziellen Sexualpartnern. Das verschafft, wie wir oben gesehen haben, dem Einzelnen wiederum Sicherheit.

Perfekte Dinge mit hoher Leistung haben also einen höheren Wert als die üblichen Dinge. Daher kommt unsere (völlig unbewusst gesteuerte) Liebe zu special editions, neuesten Versionen mit besserer Leistung und irgendwelchen PS-Monstern. Wir wollen immer das Beste und Leistungsfähigste haben, was wir bekommen können. Damit können wir andere beeindrucken, uns abheben, uns die Anerkennung der Gruppe verdienen und uns bei der Partnerwahl mehr Möglichkeiten schaffen. Etwas Besonderes zu haben führt auch dazu, als etwas Besonderes angesehen zu werden.

Wenn du schon etwas älter bist, kannst du dich vielleicht noch an die Zeit erinnern, in der bei den Mädels im späten Teenie-Alter ein Freund mit Auto einen sehr hohen und sehr beneidenswerten Status hatte - das wusste damals natürlich auch der Freund. Auch das ist ein praktisches Beispiel für diesen evolutionären Trieb. Wenn man uns an dieser Stelle geschickt packt, kann man uns auch jegliches sinnlose Zeug verkaufen – vom Super-Kühlschrank mit tausend Funktionen bis hin zum 600-PS-Auto. Mehr Leistung bedeutet (scheinbar) mehr Ansehen - völlig unabhängig vom tatsächlichen Nutzen.

Überleg mal: Wo gehst du in die Perfektionismus-Falle? Welche Dinge müssen für dich hoch leistungsfähig und top sein? Was würde passieren, wenn sie lediglich durchschnittlich wären? Was würde das verändern? Würdest du dich uncool fühlen? Wen willst du eigentlich beeindrucken?

Die Gönn-dir-was-Falle

Dass wir zu uns selbst freundlich sind und ausreichend auf uns selbst achten, tut uns gut. Es erhält uns gesund und gut gelaunt. Wenn wir uns ab und an mit etwas selbst belohnen, das uns gut tut, erreichen wir unsere Ziele schneller und besser, weil wir uns schon vorher auf die Belohnung freuen. Eigentlich ein sehr sinnvoller evolutionärer Mechanismus, der uns hilft uns wohl zu fühlen und besser zu leben.

Das Ergebnis ist allerdings, dass sich heute sehr viele Menschen zu einem großen Teil so sehr und ständig selbst belohnen, dass sie sich vor lauter Belohnungen mit 40 kg Übergewicht völlig verzweifelt zum Arzt schleppen oder ihren Allerwertesten gar nicht mehr hoch bekommen, wenn es irgendwas zu tun gibt, was nicht exakt als Belohnung anzusehen ist, und vielleicht sogar mal kurz Anstrengung erfordert.

Und mit der Aussicht auf Wohlgefühl wird uns natürlich auch jede Menge verkauft. Vom himmlischen Schokotraum bis hin zum Fernseher, bei dem man nicht einmal mehr drücken muss, weil der schon von selber weiß, was für tolle Sendungen wir gucken wollen. Wo wir doch Belohnungen so sehr lieben. Wenn wir dann allerdings vor lauter himmlischer Schokoladenträumen wie ein Sack von der Couch plumpsen und mit 52 in die Grube springen, war's wohl etwas zu viel mit den Belohnungen.

Weitaus das meiste wird uns heute mit dem Hinweis auf Wohlgefühl verkauft, weil das einfach am besten funktioniert. Jeder will sich wohl und gut fühlen, niemand will sich anstrengen. Wir sind geradezu süchtig nach Wohlgefühlen, nach spannenden und aufregenden tollen Erlebnissen. Und wenn der Kick verblasst, halten wir gleich wieder Ausschau, womit wir uns als nächstes belohnen können. Den wenigsten Menschen ist bewusst, dass man sich auch wohl fühlen kann, ohne etwas zu konsumieren. Doch darüber mehr im dritten Teil des Buches.

Überleg mal: Wie oft findest du dich in einer Situation, in der du eigentlich etwas tun solltest, dann aber doch lieber etwas Angenehmeres machst? Passiert dir das häufig? Warum fällt es dir so schwer, dich dann aufzuraffen? Kannst du einen rationellen Grund finden, warum du es nicht schaffst? Gibt es überhaupt einen?

Bewusste versus unbewusste Entscheidungen

Das waren einmal die wichtigsten Fallen, in die wir immer wieder gelockt werden. Wenn du jetzt immer noch der Meinung bist, du triffst deine Kaufentscheidungen immer total bewusst und vernünftig: na dann gute Nacht. Klar, wenn wir etwas gekauft haben, finden wir im Nachhinein immer rationelle Argumente, warum wir es dringend gebraucht haben und warum es so nützlich ist. Niemand gibt - auch vor sich selbst nicht - gerne zu, dass er schlicht an der Nase herumgeführt wurde. Ab und an gehen wir alle in die Falle, das lässt sich gar nicht vermeiden. Dafür ist unsere evolutionäre Programmierung einfach zu stark. Das ist auch nicht weiter schlimm, solange wir wenigstens im Nachhinein erkennen, was uns geleitet hat. Noch besser wäre natürlich im Vorhinein.

Ein guter Punkt, um die Fallen aufzubrechen, ist immer die Frage nach dem eigentlichen Zweck von etwas, das wir kaufen wollen. Das erfordert gelegentlich enorme Willensstärke, diese Frage ehrlich zu beantworten und dabei zu bleiben. Am besten erkennst du das, wenn du ein sehr kleines Kind, etwa im Kindergartenalter, das ein Spielzeug unbedingt haben möchte, danach fragst, wozu es das braucht. Es wird alles tun, um klaren Antworten auf diese Fragen irgendwie auszuweichen und dir die abenteuerlichsten Fantasiegeschichten erzählen, warum das unglaublich nützlich ist. Je mehr du fragst, desto wildere Fantasien kommen da heraus.

Und bevor du jetzt milde und herablassend über das kleine Mädchen lächelst: Du tust oft genug genau das Gleiche. OFT GENUG!

Es gibt - ganz klar - einige Dinge, die wir brauchen. Wir müssen etwas essen, etwas trinken, wir müssen uns kleiden, warmhalten und wir brauchen ein sauberes und für uns angenehmes Zuhause, um uns sicher und wohl zu fühlen. Wir müssen gelegentlich an andere Orte gelangen, Dinge bewegen, Entspannung finden und mal abschalten. Keine Frage.

Die Zweckanalyse funktioniert folgendermaßen:

Welchen Zweck erfüllt das Ding, das ich kaufen will?

Welchen zusätzlichen Zweck erfüllt es? Will man mich in eine Falle locken?

Werde ich von anderen beeinflusst, es zu kaufen?

Erfüllt es diesen Zweck effizient? Erfüllt es ihn langfristig? Ist der Zweck es wert?

Schadet es meiner Gesundheit oder meinem Wohlbefinden langfristig, dieses Ding zu besitzen?

Welche anderen - einfacheren - Möglichkeiten gibt es, diesen Zweck zu erfüllen?

Was kostet mich der Besitz dieses Dings? (Dazu kommen wir ausführlich im nächsten Kapitel.)

Vielleicht erscheinen dir diese Fragen gerade vollkommen abstrus. Das kommt daher, weil wir meistens im Eiszeitmenschenmodus shoppen gehen. Manche gehen auch im Eiszeitmenschenmodus durchs ganze Leben. Essen, schlafen, sich vermehren und sich dabei so oft wie möglich wohl fühlen. Nun gut, mögen einige einwenden: „So sind wir halt nun mal geschaffen, ist doch gut. Passiert ja nix."

Ja, klar. Es ist nur die Frage, ob wir unser Leben selbst bestimmen wollen oder 70 Jahre lang darauf warten, dass jemand anders unser Eiszeitmenschensein ständig gegen uns verwendet und wir völlig ziellos und immer irgendwie leicht unzufrieden vor uns hintreiben. Ich weiß, selbst denken ist völlig uncool, aber es macht das Leben so viel schöner.

Überlegung 1: Nimm dir die Tage mal Zeit und schalte einen Teleshoppingkanal an. Mach dir eine Liste der Fallen, wie sie in diesem Kapitel beschrieben sind, und versuche zu erkennen, wo und in welchem Moment du sie bedienst. Gerade bei Teleshoppingsendungen ist das meist recht deutlich zu erkennen. Schalte dann auf einen gewöhnlichen Sender um und verfolge aufmerksam die Werbung. Versuche, die gleichen Fallen auch hier zu erkennen, auch wenn sie hier sehr viel subtiler ausgelegt sein werden. Überleg dir, wann und wo du für eine Falle auch anfällig gewesen wärst.

Überlegung 2: Nimm dir drei Produkte vor: ein Teleshoppingprodukt, eines aus der gewöhnlichen Werbung und eine größere Anschaffung, die du selbst im letzten Jahr getätigt hast und mit der du nicht besonders glücklich bist. Versuche, die Fallen zu sehen. Versuche, zu erkennen, wie lange die Falle anhält, wenn du etwas gekauft hast. Stell dir zu jedem Produkt die sieben Fragen und sieh, mit welchem Ansatzpunkt sich die Werbelügen am leichtesten unschädlich machen lassen.

Versteh mich nicht falsch - auch ich finde es gut, dass man im Prinzip alles, was man braucht, in vielen verschiedenen Varianten überall und jederzeit kaufen kann. Es geht nur darum, bewusst aus dem Überfluss selbst auszuwählen, was man tatsächlich braucht und will und sich nicht einfach in irgendeine Falle locken zu lassen. Und diese Konsumfallen sind so perfide angelegt, dass man sie den Konsumenten auch problemlos offen im

Fernsehen unter die Nase reiben kann, wie vor einiger Zeit im ZDF-Beitrag "Die Marketing-Könige" (auf YouTube noch zu finden). Selbst die mehrfache Ausstrahlung zur besten Sendezeit hat kein bisschen verändert - dafür funktionieren die Fallen viel zu gut. Die einzig wirksame Waffe ist dein Kopf, wenn du ihn zum Denken benutzt und wenn du die Fallen nicht nur kennst, sondern erkennst.

Die simple Bedenkzeit-Methode

Ein guter Ratschlag aus der Praxis ist, jede geplante Anschaffung erst einmal aufzuschieben. Du kannst dir eine Liste machen und einen Bedenkzeitraum von 30 Tagen lassen. Die meisten Fallen halten uns nur für kurze Zeit gefangen. Wenn du nach 30 Tagen immer noch davon überzeugt bist, dass die Anschaffung sinnvoll ist, ohne dir etwas vorzumachen, dann ist sie das meistens auch. Gar nicht wenige deiner Kaufideen wirst du nach zwei oder drei Tagen aber wahrscheinlich einfach vergessen haben - das war dann nur die Falle.

Der Preis, den du zusätzlich zahlst, neben dem Preis, den du sowieso zahlst

Im letzten Kapitel haben wir also herausgefunden, dass wir nicht unbedingt immer unsere Kauf- und Konsumentscheidungen voller Vernunft und sinnreicher Überlegungen treffen. Schön und gut. Führt man uns eben oft an der Nase herum und zieht uns unser Verdientes trickreich aus der Tasche, indem man das eine oder andere Mal an niedere Instinkte appelliert, gegen die wir uns nicht wehren können. Das allein wäre schon schlimm genug, ist aber leider nicht alles.

Dinge zu kaufen führt dazu, dass wir diese Dinge dann am Ende auch am Hals haben. Und das kostet uns weiteres Geld, noch mehr Zeit und oft noch mehr Aufwand. Dinge zu besitzen ist oft genug nicht umsonst. Das ist das wirklich Schlimme daran. Sie kosten nicht nur einmal, sondern noch weiter. Und je mehr Dinge wir haben, desto höher liegen dann häufig die Kosten.

Nimm dir einmal deine Einkaufsliste von der Einkaufswoche mit der unbegrenzten Kreditkarte noch einmal zur Hand. Schau sie dir noch einmal genau an und überleg, was dich deine Anschaffungen der Woche im Nachhinein kosten. Für die Villa bezahlst du Grundsteuer, es werden Betriebskosten, Heizkosten und Reparaturen fällig, irgendjemand muss deine vier Hektar Rasen mähen und den Garten pflegen. Jeder deiner sieben Ferraris kostet Unterhalt, Steuern und Versicherung, verursacht Service- und Reparaturkosten und nebenbei auch noch eine ganze Menge an Sprit. Liegeplätze für Yachten sind schwindelerregend teuer, Inspektionen auch und zusätzlich zahlst du auch noch für deine Vermögenswerte an jedem Jahresende Steuern. Versuch mal, wenigstens überschlagsmäßig zusammenzurechnen, was deine Einkaufstour dich danach langfristig jedes Jahr kosten würde. Das ist Geld, das du danach immer heranschaffen musst. Natürlich könntest du deinen Besitz jetzt stückweise verkaufen, um den Rest zu erhalten, aber das ist ja wohl nicht Sinn der Sache. Gratuliere, du hast es geschafft, dich in lediglich einer Woche bis an dein Lebensende pleite zu machen.

Vielleicht warst du so schlau, dir von dem Geld der Kreditkarte schlicht und einfach ein gut gehendes Unternehmen zu kaufen, das regelmäßig Gewinn abwirft - in den meisten Fällen wird das aber wohl eher nicht der Fall gewesen sein. Ganz ehrlich: Hast du bei deiner Einkaufsliste auch nur einmal an die Folgekosten gedacht? Wahrscheinlich eher nicht.

Wenn doch: Gratuliere zu deinem Realitätssinn. Du bist ein durch und durch bodenständiger und klar denkender Mensch, der sich nicht so leicht in eine Falle locken lässt. Es gibt aber neben den materiellen Dingen noch einige weitere Aspekte, die man immer berücksichtigen muss:

- Besitz kostet Zeit, um ihn zu erhalten.

- Besitz kostet Zeit, um ihn zu reinigen und zu pflegen.

- Besitztümer kosten Zeit, um sie zu benutzen.

- Dinge kosten Platz, den sie einnehmen - dieser Platz kostet oft wieder Geld.

- Besitz bringt manchmal Verpflichtungen mit sich, die man gar nicht so gerne mag.

Ein schönes, großes Gartengrundstück muss gemäht, bepflanzt und gesäubert werden. Der Zeitaufwand dafür ist deine ganz persönliche Lebenszeit. Wenn du noch Obstbäume oder Gemüsebeete in deinem Garten hast, multipliziert sich die Arbeit. Und am Ende solltest du auch mal ab und an Zeit finden, um auch in deinem Garten zu sitzen, ihn zu genießen. Und unter Umständen gut damit leben können, dass vielleicht alle nasenlang irgendwelche aufdringlichen Leute vorbeikommen und nach echt biologischen Äpfeln oder Möhren aus deinem Garten fragen - du hast ja genug. Nein zu sagen ist dann oft nicht leicht. Und wenn du willst, dass dein Gemüse gedeiht, musst du dir daneben vielleicht auch erst ein wenig Wissen über die Gärtnerei aneignen. Wenn du das alles gerne machst, ist das eine super Sache. Ich mag es sehr. Wenn du aber nur einen Garten angeschafft hast, um – nun ja - eben einen Garten zu haben und Salat aus dem Beet, dann wird das eher eine sehr wenig fröhliche Geschichte am Ende. Ein Garten kostet eine ganze Menge Zeit und gelegentlich eine gehörige Portion Schweiß. Und zwar solange du ihn hast. Regelmäßig. Das solltest du also mögen.

Leider neigen wir allzu oft dazu, nur das zu sehen, was wir sehen wollen, und bedenken gar nicht, womit wir uns langfristig an Zeit, Platz und Aufwand belasten. Wir sehen das immer nur punktuell, aber nie im Ganzen. Und wir sehen gerne, was wir haben, nicht, was wir dafür an Zeit und Geld aufwenden müssen.

Ein weiteres, recht verbreitetes Beispiel sind Laufbänder und Heimtrainer. Sie stehen sich in sehr vielen Haushalten recht nutzlos die nicht vorhandenen Beine in den Bauch. Kein Problem, sie sind ja schon bezahlt. Hätte man vorher überlegt, dass einen die Füße auch auf dem Bürgersteig tragen und Fahrräder dazu da sind, um auf der Straße zu radeln, hätte man sich das Geld sparen können und die 2 qm Platz auch. Aber den Kopf voller Fitnessideale, guter Vorsätze und künftiger Schlankheitsideen, kam uns gar nicht in den Sinn, dass man ja auch einfach die Laufschuhe anziehen und loslaufen könnte. Und im Winter statt vor die Wand zu radeln, einfach mal 'ne Runde schwimmen gehen könnte.

Aber so sind wir nun mal oft: Lieber einen Traum kaufen, statt tatsächlich etwas zu tun. Wie du dich vor dieser noch viel schlimmeren Falle des Folgeaufwands schützen kannst und deine Zeit an dich und nicht an deinen Besitz verwendest, erfährst du dann im zweiten und dritten Teil des Buchs. Bleib dran!

Gemengelagen

Das Wort Gemengelage scheint irgendwie das Unwort der letzten Jahre geworden zu sein: Macht man den Fernseher an, hört man es mindestens fünfmal am Tag von irgendeinem Politiker oder Journalisten. Plötzlich scheint alles, aber wirklich alles, zur unübersichtlichen Gemengelage geworden zu sein. Gerade bei Politikern, die ja dafür da sind, einen klaren und vernünftigen Weg in die Zukunft zu bereiten, stimmt mich das schon eher sorgenvoll. Wenn schon niemand mehr durchblickt, wie soll da je ein klarer und vernünftiger Plan entstehen?!

Eine Gemengelage ist ja per Definition ein sehr unübersichtliches Gemenge aus ganz verschiedenen, kompliziert miteinander verflochtenen Dingen, die sich kaum mehr überblicken, geschweige denn entwirren lassen. Es ist ein Chaos, vor dem man - innerlich zumindest - kapituliert, es überhaupt verstehen zu wollen. Gemengelagen machen einen damit aber vollkommen handlungsunfähig - abgesehen von ein paar hilflosen, nichtsbewirkenden Verzweiflungstaten. Na herzlichen Dank.

Tatsächlich begegnen uns Gemengelagen aber sehr häufig auch im privaten und persönlichen Umfeld. Es sind diese Situationen, in denen wir einfach ratlos dastehen und gerade nicht wissen, was wir jetzt als nächstes tun sollen. Wo alles irgendwie chaotisch aussieht und sich kein klarer Lösungsweg abzuzeichnen scheint.

Gemengelagen entstehen häufig, wenn unsere eigenen Wertüberzeugungen auf wackligen Beinen stehen - wir aus irgendeinem Grund nicht dazu stehen oder sie in Handlungen übersetzen können. Oder wenn wir versuchen, mehrere Hasen zugleich zu jagen, wir also sich eigentlich widerstreitenden Dingen zugleich gerecht werden wollen.

Man kann aber jede Gemengelage sehr einfach und schnell auflösen oder sie gar nicht erst entstehen lassen. Wie das geht, erfährst du im zweiten Teil des Buches. Für den Augenblick ist es wichtig, erst einmal die Gemengelagen in deinem Leben zu erkennen.

Wo überall herrscht Chaos in deinem Leben? Mach dich mal auf die Suche nach Gemengelagen in deinem Leben. Wo gibt es scheinbar unlösbare Konflikte, wo sind Dinge einfach unvereinbar oder bestenfalls flaue Kompromisse möglich? Wo sind Situationen kompliziert, verworren? Wo hast du das Gefühl, du müsstest immer drei Dingen gleichzeitig gerecht werden? Wo machst du regelmäßig Spagate? Schreib die wichtigsten Punkte auf.

Produzieren oder Konsumieren?

Konsumieren bedeutet genau genommen ja nicht nur, etwas zu kaufen. Man kann konsumieren auch ganz einfach immer dann verorten, wenn wir lediglich passiv etwas benutzen, statt aktiv etwas Neues zu schaffen. Wir konsumieren also auch Medien, Fernsehen, Musik, Unterhaltung, und gegebenenfalls auch eine Weiterbildungsmaßnahme, in der wir sitzen, weil wir müssen oder sollen, ohne dass es uns irgendwie berührt. Produktiv zu sein bedeutet dagegen, etwas aktiv und selbst zu tun und damit aktiv etwas zu verändern, etwas Neues zu schaffen oder zu lernen. Auch wenn wir uns beispielsweise aufraffen, einen lang schwelenden Konflikt endlich beizulegen oder einem Menschen einmal Zeit zu schenken, ist das etwas Produktives, weil es eine positive, wirksame Veränderung hervorruft.

Beim Gegensatz zwischen Konsumieren und Produzieren geht es also mehr um aktiv und passiv. Das voneinander zu unterscheiden fällt uns oft im ersten Moment gar nicht so leicht - vor allem, weil wir gar nicht so gerne in diesen Kategorien denken. Unser Lebensgleichgewicht pendelt oft genug deutlich mehr in Richtung konsumieren, statt in Richtung produzieren. Das ist sogar ziemlich altersunabhängig.

Eine Grundweisheit kann man aber festhalten:
Das Leben verändert sich nur dann zum Positiven, wenn wir im Produzieren-Modus und aktiv sind. Wenn wir etwas voranbringen und etwas TUN. Lediglich zu konsumieren macht dagegen meist nur unzufrieden und lässt

die Dinge stagnieren und uns keinerlei Ziele erreichen. Es sollte mindestens eine Balance zwischen Produktivsein und Konsumieren im Leben herrschen. Das ist für viele eine sehr unbequeme Wahrheit.

Wenn wir nicht die Ärmel hochkrempeln, und anfangen, etwas zu tun, werden wir nichts erreichen. Wir werden einfach Tag für Tag dahinleben, mit der Zeit immer unzufriedener werden und unseren Träumen keinen Schritt näher kommen. Das ist die eigentlich ganz banale Weisheit: Wenn du nichts tust, kriegst du nichts.

Wenn ich mich so mit Leuten unterhalte, die ich treffe, erschreckt mich immer wieder, dass das bei vielen das offensichtlich größte Problem ist - aus den unterschiedlichsten Gründen. Entweder, weil keine Klarheit herrscht, was der/die Betreffende eigentlich überhaupt will, aus Angst, irgendetwas zu verändern, oder weil derjenige sich in seinem Leben in eine Situation gebracht hat, in der er sich praktisch eh schon keinen Millimeter mehr bewegen kann. Und anstatt sich einfach hinzusetzen, nachzudenken, ein Ziel zu finden und einfach einen Plan zu machen, setzen sie sich erst mal vor den Fernseher und denken möglichst nicht dran. Die Gönn-dir-was-Falle hält also auch viele ganz schön fest.

Antidepressiva gehören in Deutschland zu den mit Abstand am häufigsten verschriebenen Medikamenten. Das kann ich gut nachvollziehen. Würde ich so leben müssen, würde ich, glaube ich, auch lieber aus dem 13. Stock fallen wollen.

Nein, ich würde mich wahrscheinlich hinsetzen und einfach anfangen. Auf der Stelle.

Du kannst immer etwas tun. Immer. Immer. Immer.

Mann, Leute, Eure Zeit auf diesem Planeten ist begrenzt! Zu begrenzt, um sie mit ein bisschen Kokolores und Fernsehen zu vergeuden. SO kommst du sicher nie dorthin, wo du eigentlich hin möchtest. Ganz sicher nicht. Und Träume in HD zählen nicht. Nur Taten. Und echte Fortschritte.

Du kannst immer etwas verändern. Und es ist sch...egal (entschuldige mein Französisch), was deine Nachbarn oder deine Mutter darüber denken. Es ist nämlich dein Leben. Und wenn du nicht dorthin gehst, wo du hinwillst, kommst du ganz einfach nicht hin. Und jede noch so schlimme Situation, in der du steckst, ist kein Hindernis. Du hast dich immerhin völlig selbst mit deinen Entscheidungen in diese Lage gebracht, also kannst du dich auch selbst wieder daraus befreien. So einfach ist das. Du kannst immer etwas tun.

Ziele finden

Und weil es so wichtig und grundlegend ist, Ziele und einen Plan für dorthin zu finden, beschäftigt sich der ganze zweite Teil dieses Buchs mit diesem Thema: Wie man seine Ziele findet, wie man erkennt, ob sie es wert sind, und wie man einen Plan entwickelt. Wie man die

Ziele auch erreicht, wo es überhaupt überall Ziele gibt und wie man Gemengelagen ganz einfach auflöst.

Sklave des Urteils anderer? Wie man der Nachbarn-Falle entkommt

Über die Gesellschaftsdruck-Falle haben wir uns zuvor schon unterhalten. Sie schlägt aber nicht nur dann zu, wenn es um das Kaufen geht, sondern auch in vielen anderen Bereichen. Viele Menschen versuchen, sich in praktisch jedem Lebensbereich vollständig anzupassen, immer perfekt und „in" zu sein und überall mitzuhalten. Der Preis dafür ist schlicht und einfach: ihr Leben.

„Wer sich immer vor dem Urteil der anderen fürchtet, der ist schon vollständig zu ihrem Sklaven geworden."

[Konfuzius]

Das Problem ist also offensichtlich nicht gerade neu - der gute Konfuzius hat immerhin schon vor mehr als 2.500 Jahren gelebt. Und dennoch gab es immer und zu allen Zeiten Menschen, die einfach ihren eigenen Weg gegangen sind und die nach ihrem eigenen Urteil gehandelt haben. In den meisten Fällen waren es die, die dafür gesorgt haben, dass wir nicht mehr am Feuer hocken und an einem Stock die erlegte Kuh grillen. Das wäre nämlich die unausweichliche Folge, wenn nie irgendjemand einmal etwas anders gemacht hätte als seine Oma. Und die meisten wurden irgendwann einmal von irgendjemandem dafür schief angeguckt - die angepassten Schafe gab's nämlich auch schon immer. Und irgendwann waren Kochtöpfe dann doch plötzlich cooler als Erdlöcher.

Das Risiko, wenn man etwas anders macht als die anderen

In unseren Köpfen malen wir uns die Folgen sozialer Ächtung wegen abweichenden Verhaltens immer unglaublich schrecklich aus - in etwa so wie Dantes Höllenqualen oder gar schlimmer. Das ist natürlich absoluter Quatsch. Es ist nur die tief sitzende Angst, die uns riesige schwarze Schatten an die Wand malt. In Wirklichkeit passiert überhaupt nichts.

Das kann ich dir auch aus eigener Erfahrung sagen. Mein Leben ist schon sehr anders als das des angepassten Normalbürgers und meine Ziele sind ganz andere als die der meisten Menschen. Meine Freunde schätzen diese Andersartigkeit und so ziemlich alle Menschen, denen ich begegne, finden das cool und akzeptieren meine Lebenshaltung („Ich weiß nicht, ob ich das könnte, aber ist schon ziemlich gut"). Und selbst bei den unfairsten Angriffen auf mich wurde noch niemals mein Anderssein als Argument gegen mich verwendet. Kein einziges Mal. Also? Wovor hast du Angst?

Halte dir mal ein paar Dinge vor Augen:

FEAR = False Evidence Appearing Real = angebliche, falsche Beweise, die wirklich zu sein scheinen
Und das gilt auch für die Angst davor, anders und man selbst zu sein.

Du findest nicht alles gut, also müssen auch nicht alle deine Lebensweise gut finden (obwohl die allermeisten das werden).

Menschen, die zu ihren Überzeugungen stehen, werden im Allgemeinen als stark und mutig angesehen. Erbärmliche, kriecherische und vollangepasste Schleimscheißer mag eigentlich keiner so wirklich.

Was ist dir deine Freiheit wert? Opferst du echt dein Leben und deine Überzeugungen auf dem Altar einer Angst, die noch nicht mal wahr ist??

Halte dir vor Augen, dass immer, wenn jemand verlangt, dich manipuliert, dich zwingt, etwas zu tun oder dich auf bestimmte Weise zu verhalten, er das tut, weil er einen Vorteil davon hat. Du hast in den meisten Fällen aber keinen. Wenn du nicht anfängst, selbst Entscheidungen zu treffen, treffen sie andere für dich. Zu ihrem eigenen Nutzen. Also was bist du? Opfer? Oder ein Mensch mit einem eigenen, funktionierenden Gehirn?
Genau. Ich kannte deine Antwort schon im Voraus.

Wenn du deinen eigenen Weg gehst, wenn du selbst denkst und zu deinen eigenen Überzeugungen stehst, hast du überhaupt nichts zu fürchten. Im Gegenzug hast du auch noch die volle Gestaltungshoheit in deinem Leben. Die kann dir niemand nehmen - zumindest nur dann, wenn du sie freiwillig abgibst. Und das solltest du nicht tun.
Wenn du die Angst bemerkst, realisiere, was dir durch den Kopf geht, und mach dir klar, dass es nur eine ängstliche Illusion ist. Jedes Mal. Das hilft.

F-O-K-U-S

Was hat es mit Fokus und Konzentration auf sich?

Ich will es dir erklären: Vielleicht hast du, als du in der Fahrschule warst, vom Fahrlehrer auch gehört, dass du immer möglichst weit nach rechts vorne sehen sollst. Wenn du nämlich deinen Blick direkt auf die rechte Ecke deiner Motorhaube lenkst, fährst du unweigerlich in den Graben. Dein Fahrlehrer hat möglicherweise etwas sehr Weises gesagt (ohne es zu wissen):

Dort, wo du hinsiehst, fährst du unweigerlich hin. Dagegen bist du machtlos.

Diese Weisheit gilt nicht nur für das Autofahren (sogar dann, wenn du das erste Mal in einem rechtsgesteuerten Fahrzeug in England sitzt und plötzlich nach links gucken musst), sondern für das ganze Leben. Dort, wo deine Aufmerksamkeit ist, geht die Reise hin.

Wenn du also irgendetwas erreichen willst, dann konzentriere deinen Blick darauf und halte ihn dort. Wenn du dem Schild direkt rechts vor dir mehr Aufmerksamkeit schenkst, als gut ist, kommst du vom Weg ab. Das ist die eine wichtige Weisheit, wenn es um Fokus geht. Schau auf das, was du willst und halte den Blick darauf - so gut du kannst. Verliere niemals deinen Fokus. Achte auf die Dinge am Wegesrand nur so weit, wie sie dir im Weg stehen. Lass dich nicht ablenken, sonst verbringst du mehr Zeit in diversen Gräben als auf der Straße.

Diese Weisheit klingt so schrecklich banal und dennoch scheint das für die meisten Menschen unglaublich schwierig. Wir lassen uns von anderen Menschen, von Ideen, von angeblichen Notwendigkeiten und anderem Kram immer wieder von der Straße drängen und müssen uns dann erst wieder mühsam aus dem Graben kämpfen. Manche schaffen es aus ihren Gräben dann überhaupt nur noch mit psychologischen Abschleppdiensten.

Wie beim Autofahren ist es aber auch lediglich eine Sache der Übung. Wenn wir uns immer wieder ermahnen, den Blick auf die richtige Stelle zu lenken und nicht dauernd ängstlich und getrieben auf die Seite zu sehen, werden wir das irgendwann verinnerlichen. Und das wird in deinem Leben das Allermeiste verändern. Man nennt das auch Zielbewusstsein, sich in jedem Moment klar darüber zu sein, wohin die Reise gehen soll.

Fuck off Multitasking

Ja, klar, der gewandte Mann von heute kann seine E-Mails lesen, daneben mit dem Kollegen telefonieren und gleichzeitig noch mit seiner Frau den nächsten Urlaub planen. Und das alles, während er im Auto sitzt und von Hamburg nach München fährt. Und seine Frau steht währenddessen im Supermarkt, erledigt daneben noch die Steuererklärung, liest die letzten 180 Posts auf Facebook und klärt mit ihrer Tochter den letzten Konflikt in der Schule. Na klar.

Warum um Himmels Willen glauben noch immer ungefähr 90 Prozent der Menschen, dass das irgendwie funktionieren muss? Das tut es nämlich nicht. Und allein schon der Versuch bringt einen in der Regel nach wenigen Jahrzehnten für lange Zeit ins Krankenhaus und in die Reha-Klinik.

Man kann nur ein Ding auf einmal tun. Alles andere ist vollkommen sinnlos.

Und wenn man etwas anderes versucht, kriegt man vielleicht 5 Dinge zugleich irgendwie hin, benötigt allerdings entweder die dreifache Zeit oder schafft sie nur zur Hälfte. Man kann nur etwas gut machen, wenn man seine Aufmerksamkeit bei der Sache hat. Das gilt für jeden Menschen - seit der afrikanischen Savanne und bis zum Jahr 4.096. Davon gibt es keine Ausnahmen. Schon die alten Steinzeitmenschen wussten: Wer versucht, zwei Hasen zu jagen, geht ziemlich erschöpft, höchstwahrscheinlich ohne Essen und dadurch hungrig nach Hause.

Wenn ich mit meinen Gedanken nicht bei dem bin, was ich hier und jetzt tue, dann ist die Gefahr sehr groß, dass ich mich verletze, komplett überfordere, irgendwas tue, was ich eigentlich gar nicht wollte oder irgendeinen kapitalen Mist baue - und für drei Dinge doppelt so lange brauche, als wenn ich sie in Ruhe hintereinander abgehandelt hätte. In vielen Fällen hätte ich dann möglicherweise etwas ganz anders oder vielleicht überhaupt nicht getan, weil es überflüssig gewesen wäre.

Leider verführt uns die moderne Technik immer mehr dazu, immer mehr gleichzeitig tun zu wollen, weil wir ja Zeit sparen müssen. Wozu eigentlich? Um danach eine Stunde länger vor dem Fernseher abzuhängen?

Es gibt sehr einfache Methoden, sein Leben deutlich zu beschleunigen: nämlich das Konzentrieren auf das Wesentliche, das Weglassen von Überflüssigem und das Vereinfachen und Automatisieren von Aufgaben. All das geht aber nur, wenn ich mit meinen Gedanken bei dem bin, was ich gerade tue. Also: Lass das Herumgehampel. Burnout entsteht immer dann, wenn man zwanzig Jahre lang verzweifelt etwas versucht, was schon von vornherein überhaupt nicht funktionieren kann. Sinnvoll, wenn man das irgendwann in dem Stress mal zuvor erkennt.

Wenn du ständig in die Zwangslage kommst, dass du dauernd drei Dinge gleichzeitig machen musst, stimmt irgendetwas mit deinem Leben nicht. Dann wäre es dringend an der Zeit, einmal Teil 2 des Buches sehr gründlich durchzuarbeiten.

Tautropfen

Ich bin mal vor einigen Jahren auf eine interessante Sache gestoßen. Ich habe bis heute keine Ahnung, warum sie funktioniert, aber sie tut es immer wieder. Das Leben hat doch noch einige Geheimnisse.

Viele haben damit zu kämpfen, dass es oft in ihrem Kopf nur so wirbelt. Oft schafft man es dann auch gar nicht mehr, den Blick auf die eigenen Ziele zu richten, weil das Getriebe im eigenen Oberstübchen einfach schon die Ausmaße eines Tsunamis angenommen hat. Tausend Dinge, an die man denken sollte und über die man nachdenken sollte. Und die Schwimmweste ist nirgendwo in Sicht.

Was in solchen Fällen immer erstaunlich gut funktioniert, ist die Dew-drop-Technik. Dew drop ist ein Homonym, d. h. zwei gleichklingende Wörter mit unterschiedlicher Bedeutung, aus dew drop (Tautropfen) und do drop (fall herunter). Irgendwie scheint dieses Wort magische Wirkung auf unseren Verstand zu haben. Die Technik ist dabei sehr simpel:
Man schnappt sich einen Zettel und einen Stift (Papier funktioniert am besten) und schreibt einmal jedes Thema auf, das einem durch den Kopf geht - und zwar mit nur einem Wort. (Also statt: Wie lade ich Carina wieder von der Geburtstagsfeier elegant aus?, nur: Carina). Die entstehenden Listen sind oft unglaublich lang. Danach tippt man mit der Kugelschreiberspitze auf jedes Wort in der Liste und sagt laut oder deutlich in Gedanken: „Dew drop". Dabei stellt man sich einen glitzernden Tautropfen vor, der gerade von einer Blattspitze fällt. Wenn man unten an der Liste angelangt ist, fängt man oben wieder an.
Das klingt alles erstmal schrecklich kindisch, macht den Kopf aber, wenn man sich konzentriert, in Nullkommanichts plötzlich wieder klar. Ich habe, wie gesagt, keine Ahnung, warum das so ist, aber ich bekomme die Wirkung immer wieder bestätigt. Viele erzählen mir, dass das Geratter im Kopf praktisch schlagartig aufhört. Wenn es mal wieder ganz dick kommt, kannst du es ja mal versuchen.

Wie bei allem ist auch hier Konzentration - also Fokus - der Schlüssel zur Wirkung. Ohne Fokus geht nichts; gar nichts im Leben.

Ich bin ganz da

Versuch einmal, einen ganzen Tag zu hundert Prozent bei dem zu sein, was du gerade tust und dabei nicht an etwas anderes zu denken, als an das, was du gerade tust, keine Pläne zu machen für das, was du danach tun willst und nicht nebenbei Radio zu hören oder fernzusehen. In den allermeisten Fällen wird sich das sehr ungewohnt und oft sogar unangenehm anfühlen, innerlich zappelig und irgendwie getrieben. In den meisten Fällen hält man das kaum 5 Minuten durch, wenn man das zuvor noch nie probiert hat. Das liegt daran, dass wir gewöhnt sind, alles irgendwie nebenher zu erledigen und den Kopf ständig irgendwo anders zu haben. Das Geratter hört nie auf.

Gleichzeitig wirst du aber feststellen, dass, solange du es schaffst, bei der Sache zu sein, du sehr schnell, mühelos und effizient das erledigst, was du gerade tust. Deine Griffe sind gezielt, dein Handeln ist sehr zielgerichtet - ohne Anspannung oder Hast. Lass diese Erfahrung einmal auf dich wirken, denk darüber nach und wiederhole sie immer wieder bei unterschiedlichen Gelegenheiten – z. B. wenn du unter der Dusche stehst, wenn du die Teller spülst oder wenn du kochst. Lerne es in den nächsten Tagen so gut wie möglich kennen, konzentriert zu sein.

Lügen und Ideen

Neben der Weisheit mit dem Blickwinkel gibt es noch eine weitere Schlüsselweisheit, die sehr tief greift:

Unsere Welt wird schon längst nicht mehr von Menschen, sondern von Bildern und Ideen regiert.

Was bedeutet das? Vieles von dem, was wir als unumstößliche Tatsachen oder allgemeine Anweisungen halten, sind oft nur bestimmte Bilder. Unser Bild, das die allermeisten von persönlichem Erfolg haben, ist in den meisten Fällen beispielsweise irgendein Typ im Anzug, der vor irgendeiner Luxusvilla steht und irgendeine Luxuskarre neben sich hat oder irgendetwas Vergleichbares. Erfolg wird also immer als materieller Reichtum abgebildet - in der einen oder anderen Form. Dieses Bild beeinflusst uns oft unbewusst, wir haben es einfach ungefragt übernommen und halten es für die Wirklichkeit. Dabei wäre es genauso ein persönlicher Erfolg, wenn man ein afrikanisches Dorf erfolgreich vor dem Verhungern gerettet hätte. Sogar ein wesentlich sinnvollerer Erfolg im Vergleich dazu, einfach fett Kohle zu verprassen. Irgendwie ist das aber nicht kompatibel.

Bilder wie dieses lenken uns unbewusst in umfassender Weise - oft ohne dass wir es merken. Wer uns ein Bild gibt, hat uns oft schon im Sack. Und zwar für sehr lange Zeit. Wir hinterfragen Bilder nicht und wir nehmen sie auch nicht als Bilder wahr, sondern als Tatsachen und Regeln. Und das sind oft die schlimmsten Fußfesseln im

Leben. Bildern entkommt man nur, indem man sie gründlich auseinandernimmt.

Was immer wir für Bilder haben, wir sollten sie immer sehr gründlich abklopfen und hinterfragen. Und wenn uns jemand ein sehr schönes Bild malt, sollten wir erst einmal ordentlich misstrauisch sein. Im Zweifelsfall sollten wir eher unserem nüchternen Verstand vertrauen und lieber selbst denken.

Die Bilder der Werbung

Gerade die Werbung benutzt Bilder beinahe exzessiv, um uns etwas zu verkaufen. Klar, weil es am besten funktioniert und weil wir uns am wenigsten bewusst dagegen wehren können. Da ist diese Hausfrau, die spielend alles schafft: zwei Jobs, die Kinder, den Haushalt. Und dabei noch völlig entspannt und glücklich aussieht. Wie das geht? Na, sie hat doch die Moulinette Küchenmaschine. Und in die stopft sie dann die Kinder, wenn sie nerven, oder was?

So dümmlich diese Bilder erscheinen, wenn man sie mal etwas auseinandernimmt, so wirksam sind sie. Unbewusst lassen wir uns sehr stark von so etwas vereinnahmen. Wir nehmen dabei nicht nur die beabsichtigte Werbebotschaft auf (Kauf die Moulinette und alles in deinem Leben klappt plötzlich), sondern auch sehr viel vom Drumherum.

Man muss ordentlich schuften, Asche nach Hause bringe und die Kids gekonnt managen. Und man darf dabei um

Gottes Willen niemals müde und gestresst aussehen. Die Tussi auf dem Bildschirm schafft das ja auch. Und schon nehmen wir das unbewusst als Aufforderung.

Oder der tolle Typ mit dem Sixpack, dem durchtrainierten Körper und dem coolen Auftreten, irgendwelche Filmfiguren, die scheinbar nur cool und perfekt sind, nie im falschen Moment aufs Klo müssen und immer den richtigen Spruch auf Lager haben. Na klar - ein Kunststück, wenn ein Drehbuchautor ungefähr ein Jahr und achthundert Versuche hat, sich einen coolen Dialog zu überlegen. Irgendwie fühlen wir uns dann unbewusst so, als hätten wir noch eine ganze Menge an uns zu tun.

Dagegen können wir uns gar nicht richtig wehren - zumindest solange uns nicht bewusst ist, WAS wir da aufnehmen. Wir übernehmen einfach das Bild. Und Bilder haben einfach die magische Eigenschaft, dass wir ihnen selbst immer entsprechen wollen. Dann werden wir aber zum Abziehbild.

Ganz abgesehen davon kann man einem Bild nie perfekt entsprechen. Du bist ein lebendiger Mensch, du bist nicht immer perfekt und in 2D, du hast viele unterschiedliche Facetten und Seiten, die sich auch ändern können. Das nennt man lebendig. Und das zu leben nennt man authentisch. Abziehbilder sind dagegen schlicht unlebendig. Tot.

Auch in der Politik, in der Staatsführung und in zahlreichen Religionen werden gerne Bilder gemalt. Es ist praktisch das Hauptgeschäft. Wirf einmal einen Blick zurück in die Geschichte: Die Bezeichnung einer gesamten

Gruppe von Menschen oder gleich mehrerer Gruppen als Ungeziefer, zahllose Religionskriege mit Millionen Toten, Christenverfolgung und Hexenwahn - das sind alles nur die Kriege von Bildern und Ideologien miteinander, die auf irgendeine Art und Weise inkompatibel sind.

Dass Kriege immer bedeuten, dass jemand hinausgeht, um einfach andere Leute umzubringen (und zwar möglichst viele davon), wird dann oft mit den unsäglichsten Mäntelchen schön verdeckt. Da ist zum Beispiel der heldenhafte Soldat, der voller Ehre die eigene Kultur (also die Idee, wie man auch leben könnte) oder die eigene Religion verteidigen muss (gegen die, die was anderes denken). Außerdem der Krieg der Systeme im Kalten Krieg - wenn man hinausgeht und irgendeinem Land irgendwelchen Leuten eine Kugel durch den Kopf jagt, um andere zu beschützen. Als ob es nicht auch andere Möglichkeiten gäbe, jemanden zu beschützen. Wenn man ein wenig am Lack der Bilder kratzt, offenbart sich darunter nicht selten etwas ganz anderes. Mach dir das einfach zur Angewohnheit, immer mal wieder hinter die Bilder zu schauen und sie auseinanderzunehmen, bis du das siehst, was eigentlich dahintersteht. Das hilft dir, mit der Zeit immer weniger in die Schöne-Bilder-Falle zu tappen.

Dein(e) Bild(er) von dir selbst

Wir haben auch eine ganze Menge Bilder von uns selbst. Ein Bild, von dem wir glauben, dass wir so sind und viele Bilder, wie wir in unseren Träumen gern sein möchten. Das ist auch ein Teil unserer Natur - allerdings sollten wir immer kritisch prüfen, welche Bilder realistisch sind, welche nur reine Fantasiebilder, welche tatsächlich von wo anders stammen und welche wir ganz unkritisch einfach von woanders übernommen haben.

Vielleicht kennst du den Effekt, wenn du irgendetwas unbedingt haben möchtest und dir dann - in vollendeter Nachahmung - gleich deinen eigenen Werbefilm im Kopf bastelst und ablaufen lässt. Du siehst dich vor deinem inneren Auge als stolzer Gartenbesitzer, die Eimer sind voll Gemüse und die ganze Stadt beneidet dich um deinen Garten. Missernten, eine halbe Tonne Schmutz an deinen Kleidern und der Moment, in dem du völlig erschöpft von der Arbeit ins Haus kriechst, weil dir vom Jäten der Rücken wehtut, kommen im Werbefilm natürlich nicht vor. Wir bombardieren uns auch oft gern selbst mit Idealbildern, sie kommen nicht immer von außen.

Bilderrätsel

Achte einmal in der nächsten Woche besonders auf Bilder und Ideen und versuche so viele wie möglich davon zu entdecken. Denk auch mal darüber nach, welche Bilder du von dir selbst und deiner Zukunft hast und prüfe kritisch, was realistisch ist, was du erreichen kannst. Überleg dir, ob du dich dann tatsächlich so fühlen wirst, wie du es dir ausmalst.

Teil 2: Ziele finden

In diesem Teil des Buches geht es nun endlich darum, wie du deinen Weg findest. Wie du erkennst, was für dich wichtig ist, wie du deinen Weg bestimmen kannst und wie du alles Überflüssige weglassen kannst. Wie du echte Werte erkennst und umsetzt, wie du Gemengelagen und Unsicherheiten beseitigst und ohne Umschweife geradewegs auf dein Ziel zusteuerst. Und wie du das wirst, was du immer schon werden wolltest.

Dafür spielen übrigens weder dein Alter noch deine Situation eine Rolle. Wie schon im vorigen Kapitel klar wurde: Man kann immer etwas tun und in jedem Moment ein Stückchen weiterkommen, ganz egal, wo man gerade steht. Das Einzige, das erforderlich ist, ist, bereit zu sein, nicht nur zu konsumieren, sondern auch etwas zu tun. In sehr vielen Fällen liegen Träume oft viel näher als Menschen vermuten. Manches, das man glaubte, nie erreichen zu können, wird dann plötzlich schon in wenigen Jahren auf einmal Wirklichkeit.

Daneben werden wir uns auch ein wenig mit effizienter und brutal simpler Zeitplanung auseinandersetzen und damit, wie du auch dein tägliches Leben ganz nach deinen Werten und stressfrei gestaltest. Das Kunststück ist auch hier - wie überall beim Minimalismus - die richtige Auswahl, die Konzentration auf den Kern der Dinge und ihren ursprünglichen Zweck und das Verzichten darauf, in irgendwelche Fallen zu tappen, die nur irgendjemand anderem nutzen, nicht aber dir selbst.

Also, ab ans Werk!

Finde deine Ziele

Was ist dein Ziel? Wohin willst du eigentlich? Wo möchtest du in fünf Jahren, in zehn Jahren sein? Was wäre die tollste mögliche Vorstellung von deinem Leben? All das sind Fragen, deren Beantwortungen Menschen sehr schwerfallen. Und wenn, dann bekommt man oft nur irgendwelche völlig unlebbaren und unrealistischen Bilder auf den Tisch gelegt, die im besten Fall aus einer unsäglichen Kinoschnulze stammen können. Allerdings ist auch die Frage falsch herum aufgezäumt. Mit diesen Fragen kommt man nicht weiter. Also vergiss sie einfach.

Irgendwie erinnert das alles an diese Leute, die völlig überraschend im Lotto den Jackpot machen und dann plötzlich Millionäre sind - und ein paar Jahre darauf noch mehr pleite sind, als sie es jemals zuvor waren. Ganz klar: Wenn man nicht weiß, wo man hinwill, nutzt auch das ganze Geld nichts. Und wenn man es weiß, ist das Geld überflüssig.

Die Frage nach irgendwelchen Zukunftsidealen produziert in den meisten Fällen nur irgendwelche Idealbilder, die kaum realistisch sind. Bei der Suche nach einem Weg musst du genau am anderen Ende anfangen - nämlich dort, wo du gerade stehst. Was deinen Weg am allermeisten und unabdingbar bestimmt, sind nämlich deine Werte. Sie bestimmen, wohin die Reise führen wird und wo du landest, wenn du sie für dich verwirklichst. Das ist dann der authentische (und immer machbare) Weg. Und am Ende ist man dann sogar glücklich und ganz man selbst. Wie praktisch.

Die nachfolgenden Kapitel werden dich Schritt für Schritt dazu führen, deine jetzige Situation und deine Werte kennen zu lernen und aus ihnen heraus deinen eigenen Weg zu entwickeln. Lass dir dabei ruhig Zeit und geh es ruhig an. Deine Überlegungen und die Antworten, die du für dich findest, sollten solide und überlegt sein. Das, was du für dich festlegst, wird in Zukunft deinen Weg bestimmen. Also lass dir genug Zeit und Ruhe dafür.

Säulen des Lebens

Unser Leben beruht auf ein paar grundlegenden Säulen. Diese Säulen bestimmen das Leben eines jeden Menschen gleichermaßen. In manchen Fällen vernachlässigen Menschen, sich um eine der Säulen ausreichend zu kümmern - dann hängt das Lebensgebäude schief. Bei großer Schieflage kann es sogar einstürzen und dich unter dem Trümmerhaufen begraben. Das erfordert dann erstmal eine Menge Arbeit, erstmal wieder ein neues, stabiles Gebäude auf den Säulen zu errichten.

Hier sind einmal die grundlegenden Säulen deines Lebens:

Einkommen, Lebensunterhalt

Gesundheit

Wohnen, Lebensraum

Soziale Beziehungen, Familie, Freunde

Wissen, Fähigkeiten, Kenntnisse

Persönlichkeit

Sinn, Spirituelles, Weltbild

Mein positiver Beitrag zur Welt

Jede Säule ist, wie gesagt, gleich wichtig. Dein Leben ruht auf diesen Säulen. Wenn eine Säule nicht ausreichend tragfähig ist oder vernachlässigt wird, hängt das Gebäude bereits schief. Das kannst du mit einem einfachen Check herausfinden.

Sieh dir jeden Lebensbereich einzeln an und notiere dir, wo du gerade stehst und wie die Situation in deinem Lebensbereich ist. Mach das am besten schriftlich - es ist viel leichter, wenn man Dinge schwarz auf weiß vor sich hat, während man darüber nachdenkt. Überlege, wie die Situation in diesem Bereich gerade ist und ob du damit zufrieden bist, ob du das Gefühl hast, für einen Bereich zu viel Aufmerksamkeit zu verwenden und für einen anderen dagegen zu wenig.

Stell dir zusätzlich folgende Fragen zu jedem Lebensbereich:

- *Herrscht in diesem Bereich Klarheit oder eine Gemengelage?*
- *Weiß ich, was ich hier will?*
- *Was könnte ich generell tun, um die Situation in diesem Bereich zu verbessern?*
- *Welche Herausforderung muss ich hier bewältigen?*
- *Bin ich in diesem Bereich derzeit aktiv? Heißt: Tue ich hier was?*

Besonders schwer fällt das oft in den Bereichen Persönlichkeit, Sinn und Weltbild und bei einem positiven Beitrag zur Welt. Viele denken nicht gerne nach und noch viel weniger über sich und über die Welt. Alles nur schön so lassen, wie es ist. Dabei sind es genau diese Bereiche, die am meisten sinnstiftend in einem Leben sind, die vieles verändern und richtig zufrieden machen können. Und ja, jeder sollte sich bemühen, einen positiven

Beitrag zu unserer Welt zu leisten - nicht die Welt retten (das Leben ist kein Superheldenfilm), sondern einfach einen kleinen, aber regelmäßigen Beitrag leisten. Lamentieren und alles kritisieren reicht nicht.

Verwechsle bitte auch nicht allgemeine Man-soll-Anweisungen mit tatsächlich sinnvollen Dingen. Es geht nicht darum, was man tun sollte, sondern darum, was du Sinnvolles tun kannst, um einen Bereich besser zu machen. Nur darum geht es.

Rollen, Hüte und welche Rolle eine Rolle spielt

Nachdem du im letzten Kapitel einmal die Säulen deines Lebens inspiziert hast, musst du noch einmal einen weiteren detaillierteren Blick auf deine Lebenssäulen werfen. Dein Leben ruht auf bestimmten Säulen, die du im vorherigen Kapitel angesehen hast. Innerhalb jedes Lebensbereichs spielst du allerdings auch eine oder meist mehrere Rollen.

Im Bereich Familie, Freunde und soziale Beziehungen spielst du gleich ganz viele Rollen:

- Du bist vielleicht der Ehepartner oder Lebensgefährte von ...

- Du bist der Vater oder die Mutter von ...

- Du bist die Tochter oder der Sohn von ...

- Du bist der Freund von ...

- Du bist die Online-Bekanntschaft oder der Facebook-Freund von ...

- Du bist der Nachbar oder die Nachbarin von ...

- usw.

Auch im Beruf gibt es zahlreiche Rollen:

- Du bist Angestellter von deinem Chef

- Du bist Kollege von XX oder Kollege von YY

- Vielleicht bist du auch der Chef von YZ

Jede Rolle in jedem Bereich verlangt bestimmte Dinge von dir. Für deinen Chef musst du Aufträge erfüllen und schauen, dass das Unternehmen Umsatz macht, deinem Untergebenen musst du Anweisungen geben, nachmittags musst du mit deiner Tochter zum Zahnarzt, als Autobesitzer musst du die Service-Termine einhalten, tanken und Öl wechseln etc..

Als Smartphone-Besitzer und als Facebook-, Twitter- und Instagram-Nutzer musst du ungefähr alle drei Minuten auf dein Handy gucken, um auf Nachrichten zu antworten, Dinge zu teilen und Sachen zu kommentieren. Bei vielen ist es die stressigste Rolle, die sie den ganzen Tag spielen.

Im Bereich Wohnen und Umfeld bist du vielleicht Hausbesitzer und damit für alle Reparaturen, Versicherungen und für das Zahlen der Grundsteuer verantwortlich. Als Gartenbesitzer musst du den Rasen mähen und den Garten in Schuss halten. Manche Rollen fordern uns sehr, andere dagegen weniger, aber allen müssen wir zu einem bestimmten Zeitpunkt gerecht werden.

Nimm dir nun noch einmal die Übersicht deiner Lebenssäulen vor und schreib auf je ein Blatt den Namen der jeweiligen Lebenssäule. Darunter notierst du alle Rollen, die du in diesem Bereich über-

nehmen musst. Üblicherweise ist das der Punkt, wo die meisten Menschen erkennen, WIE komplex ihr scheinbar so einfaches Leben eigentlich ist, wie vielen Dingen wir ständig gerecht werden sollten.
Im Normalfall ist das kein Problem - wenn man es richtig und geplant anpackt. Stelle einmal in Ruhe die Liste deiner Rollen zusammen und lies dann weiter. Für die nächsten Schritte brauchst du die vollständige Liste.

Lebenshüte

Fertig? Ganz ansehnlich, nicht? Du kannst dir deine Rollen einfach als Hüte vorstellen. Zu jedem Zeitpunkt des Tages schlüpfst du in eine Rolle, setzt dir quasi den jeweiligen Hut auf. Abends beim Abendessen den Hut Ehemann, dazwischen vielleicht mal kurz den Hut Vater. Nun wird auch klar, warum Multitasking nicht funktioniert: Niemand kann nämlich zwei Hüte auf einmal tragen, richtig? Du kannst nur in einer Rolle in jedem Moment sein. Anders entsteht heilloses Chaos und du kommst mit dem Wechseln der Hüte (und dem Wechseln der Perspektive) nicht mehr nach.

Stress, Unzufriedenheit und Ziellosigkeit im Leben liegen immer in den Lebensrollen begründet - sie haben immer mittelbar oder unmittelbar mit den Hüten im Schrank zu tun:

- Wenn wir zu vielen Rollen gerecht werden müssen, überfordert uns das.

- Wenn eine Rolle überproportional Aufwand (Zeit oder Geld) erfordert, geraten andere Rollen in den Hintergrund.

- Wenn wir in einzelnen Situationen ständig im Minutentakt die Rollen wechseln müssen, stresst das enorm.

- Wenn wir eine Rolle eigentlich nicht mögen, sie aber trotzdem spielen, kann einem das immer wieder den Tag verderben.

- Wenn wir nicht wirklich klar darüber sind, was eine Rolle von uns erfordert, ist das ein permanenter Stressfaktor.

Bringen wir umgekehrt Ordnung in unsere Lebenshüte und reduzieren sie auf ein vernünftiges Maß und auf das, was UNS SELBST weiterbringt, brauchen wir uns nie mehr über Stress zu beklagen. Das werden wir in den nächsten Schritten vornehmen.

Mach nun neben deiner Rollenaufstellung jeweils eine Spalte und überleg dir für jede Rolle, was sie alles von dir an Aufgaben erfordert. Notier dir daneben auch die Zeit, die diese Dinge (eigentlich) erfordern. Bei Sachen, die du nicht täglich machst, teile die Zeit einfach durch die jeweilige Zeitspanne. Eine Stunde pro Woche sind dann also 0,14 Stunden pro Tag (1 Stunde geteilt durch 7 Tage).
Lass dir dabei ruhig ausreichend Zeit. Meistens fallen einem zwischendurch immer wieder Dinge ein, die man auch noch macht. Am Ende zähl bitte einfach alle deine Stunden zusammen, die alle deine Rollen in allen Bereichen erfordern. Wundere dich nicht,

wenn du auf Werte kommst, die irgendwo bei 40 Stunden pro Tag liegen. Das ist durchaus keine Seltenheit.
Wir werden dieses Problem dann im nächsten Schritt versuchen zu beheben.

Zeit ist die wichtigste Ressource, die wir haben. Es ist das Maß dafür, wie viel wir aktiv sein können. Zu wenig Zeit ist für sehr viele Menschen das Grundproblem der heutigen Zeit. Das liegt aber nicht an der Zeit. Wir alle bekommen den gleichen Container und der ist immer 24 Stunden groß - bei jedem Menschen. Wenn wir versuchen, mehr in diesen Container hineinzustopfen als eigentlich hineingeht, sind wir selbst schuld. Dafür kann die Zeit nichts und niemand ist ungerecht. Es liegt an uns, eine sinnvolle Auswahl an Dingen zu treffen, die wir in den Container packen.

Worauf kommt es an? Die Werte-Debatte

Schau dir noch einmal deine Liste mit den Rollen und dem Zeitaufwand an. Wenn dort zu viel steht (normalerweise sollten höchstens 2/3 deiner wachen Zeit, also 16 Stunden pro Tag, verplant sein), musst du anfangen, eine Auswahl zu treffen.

Der erste Schritt ist ganz einfach: Nimm einen Stift zur Hand und markiere, welche Tätigkeiten produktiv und welche Konsum sind (nach den Regeln im ersten Teil). Da wir in der Regel ohnehin zu viel konsumieren und zu wenig aktiv tun, kannst du bei allem, was Konsum ist, problemlos kürzen. Ich habe neulich gelesen, dass in Deutschland im Schnitt täglich 4,3 Stunden ferngesehen wird. Wenn man dann noch rechnet, dass die meisten Leute im Schnitt am Tag insgesamt rund 3 Stunden am Smartphone verbringen, dann ist mit 7,3 Stunden ja praktisch der Tag schon halb rum. Ich wüsste – ehrlich gesagt - gar nicht, wo ich das zeitlich unterbringen sollte. Ganz abgesehen davon, dass ich das auch ganz sicher nicht wollen würde.

Im Idealfall sollte ungefähr ein Gleichgewicht zwischen produktiven und konsumierenden Dingen herrschen. In vielen Fällen reicht dieses Kürzen aber noch lange nicht. Es müssen noch zusätzliche Kriterien her, um eine sinnvolle Auswahl treffen zu können. Denk dran: Egal, wie der Plan aussieht, brauchst du immer noch mehr Zeit, als du eigentlich hast.

Werte

Das zusätzliche Kriterium, das uns weiterhilft, sind Werte. Wir alle haben grundlegende Vorstellungen, welche Dinge für uns Wert haben und welche nicht. Dem einen ist es wichtig, dass sich die Menschen um ihn herum wirklich wohl fühlen, der andere findet es wichtiger, in seinem Job alles gut zu machen. Wie wir unsere Werte setzen und gewichten, bestimmt dabei ganz maßgeblich unser Leben.

Unsere Werte zu erkennen und herauszufinden, erfordert vielfach ganz erhebliches Nachdenken. Welche Werte sind für uns in einer Partnerschaft wichtig? - Möglichst viel Zeit und Aktivitäten zusammen verbringen? Zeit haben, um miteinander allein zu sein? Gemeinsam mit den gemeinsamen Freunden abhängen? Sich aufeinander verlassen können, ansonsten aber verfolgt jeder vorwiegend seine eigenen Ziele?

Wie willst du dein Geld verdienen? - Indem du vollen Einsatz bringst und dich richtig reinhängst? Oder indem du deine Arbeit gut machst, aber so effizient und in so kurzer Zeit wie möglich? Deinen Ruf in der Branche pflegen? Umfassend in deinem Job netzwerken?

Worauf legst du online Wert? - Immer alles von deinen Freunden sofort lesen? Immer gleich antworten, wenn jemand schreibt? Oder deine Kommunikation gebündelt und effizient erledigen, wenn du Zeit und Ruhe dafür hast?

Ich gebe dir hier bewusst keine Werte vor - Werte und Wertegewichtungen sind so unterschiedlich wie Menschen. Was für den einen okay ist, ist für den anderen ein absolutes No-Go. Alle drei Minuten mein Smartphone zu checken, wäre für mich beispielsweise die Hölle - nach spätestens drei Stunden hätte ich es sicherlich an die Wand geworfen. Für andere ist das wiederum vollkommen unvorstellbar, irgendetwas auf dem Smartphone zu ignorieren.

Jede Entscheidung, die du in Bezug auf Werte triffst, hat allerdings entsprechende Auswirkungen, welchen Aufwand Rollen von dir fordern. Und wenn unterm Strich noch immer zu viel steht, musst du irgendwo Abstriche machen. So lange, bis deine Verpflichtungen wieder in den 24-Stunden-Container passen.

Einige grundlegende (und oft hilfreiche) zusätzliche Werte möchte ich dir aber dennoch ans Herz legen:

- effizientes Handeln (den eigenen Werten mit den geringstmöglichen Mitteln gerecht werden)

- Gegenseitigkeit und Fairness (Win-Win-Situationen verhindern nicht nur nervige Konflikte, sondern oft auch den Aufwand)

- Freundlichkeit (wer freundlich auf Menschen zugeht, kann oft auch mit Unterstützung und Fairness rechnen)

- Klarheit (einer der wichtigsten Werte überhaupt in einem Leben)

- Zielgerichtetheit (immer klar sehen, warum man etwas tut)
- Konzentration und Fokus

Wenn du dir diese Werte zusätzlich zu eigen machst, wird dein Leben sehr viel problemloser wie auch angenehmer verlaufen. Und in den meisten Fällen kommst du damit sehr viel weiter.

Immer noch ein Zeitproblem?

Mach dir aber klar: Du kannst unter Umständen nicht alldem gerecht werden, was andere von dir verlangen. Aber du solltest immer darauf achten, dass du deinen eigenen Werten gerecht wirst. Es ist nämlich dein Leben. Gemengelagen entstehen allein immer dann, wenn du Dinge tust oder glaubst tun zu müssen, die deinen Werten zuwiderlaufen. Aus diesen Wertekonflikten entstehen dann immer diese blockierten Situationen, aus denen es scheinbar keinen Ausweg gibt. Wenn du allerdings immer klar ausschließlich deinen eigenen klaren Werten folgst und nicht versuchst, in zwei Richtungen gleichzeitig zu gehen, lösen sich Gemengelagen spontan auf. Die Lösungsfrage ist also: Was willst DU? Was hältst DU für richtig und recht? Dann tu das. Und der Gordische Knoten hat sich schon aufgelöst.

In manchen Fällen wirst du einzelne Rollen entweder komplett streichen oder deine Verfügbarkeit stark reduzieren müssen. Es bleibt dir gar nichts anderes übrig. In einen 24-Stunden-Container passen nun mal nur 24 Stunden - so sehr du das auch hasst. Keinesfalls solltest du ganze Lebenssäulen streichen - etwa persönliche Beziehungen zugunsten der Arbeit oder Gesundheit ignorieren zugunsten zahlreicher Freunde und Bekannte. So etwas rächt sich langfristig immer schwer, es bringt dein gesamtes Leben unwiderruflich aus dem Gleichgewicht.

Was du allerdings tun kannst, ist, den Aufwand verringern, den manche Rollen erfordern. Überleg dir, was deine Werte am einfachsten und mit dem geringsten Aufwand erfüllt und streich den Rest ersatzlos. Einige Tipps und Möglichkeiten für Vereinfachungen findest du auch im 3. Teil des Buches. Unter Umständen hilft dir das, das eine oder andere besser und einfacher zu tun.

Auch kleine Schritte machen Sinn: Wenn du etwas nur eine halbe Stunde am Tag tust, summiert sich das über ein halbes Jahr auf imposante 182 Stunden, also einen ganzen Arbeitsmonat. Unterschätze nie den Effekt von kleinen, regelmäßigen Dingen.

Zeitplanung

Wenn du deinen Gesamtaufwand dann auf ein sinnvolles Maß reduziert hast, geht es darum, deine Tage möglichst sinnvoll zu planen. Wie deine Tagesplanung im Einzelnen aussehen wird, hängt natürlich stark von deiner Lebenssituation ab. Einige Dinge haben sich aber als grundsätzlich hilfreich erwiesen. Ich werde sie hier nur kurz erläutern, eine umfassende, sehr minimalistische und sehr wirksame Zeitplanungsmethode für alle Situationen findest du in meinem Buch "90 minutes of life" erläutert, das ab Sommer 2016 im Handel sein wird.

Rhythmen und Gewohnheiten

Regelmäßigkeit, Rituale und Gewohnheiten sind sehr hilfreich, wenn es um Zeitplanung geht. Man kann praktisch aus jeder Tätigkeit eine Gewohnheit machen. Das hat den Vorteil, dass du solche Tätigkeiten nicht mehr vergessen kannst. Und Dinge, die man nur kurz, aber dafür täglich tut, sind oft wirksamer, als wenn man sie in unregelmäßigen Abständen macht. Wenn du täglich 30 Minuten trainierst oder Vokabeln lernst, brauchst du insgesamt dafür weniger Zeit für den gleichen Effekt, als wenn du das lediglich einmal die Woche tust.

Gewohnheiten und Rituale strukturieren den Tag und machen ihn insgesamt ruhiger. Wenn du etwas immer zur selben Zeit tust, stellt dein Körper und dein Geist sich darauf automatisch ein und macht dich effizienter. Außerdem hast du immer einen Überblick darüber, welche Zeiträume frei sind und verplant werden können und welche nicht - ohne großartig nachdenken zu müssen.

Rhythmen und Rituale sind übrigens auch für Kinder enorm wichtig und unglaublich beruhigend. Ein hektisches und sich ständig änderndes Getriebe kann besonders kleinere Kinder schwer überfordern und schrecklich verunsichern. Für kleine Kinder ist so etwas eine massive Belastung, der sie oft nur schwer gewachsen sind. Aus diesen Belastungen und Unsicherheiten können sich nicht selten auch langdauernde Überforderungen und sogar massive Störungen entwickeln. Du tust also dir und deinen Kindern mit festen Rhythmen einen Gefallen.

Bereiche

Eine sinnvolle Möglichkeit kann auch sein, seinen Tag in Bereiche zu teilen. So kannst du sicherstellen, dass du allen Verpflichtungen gleichermaßen gerecht wirst und alles geordnet unterbringst. Bereiche sind etwas flexibler als Gewohnheiten, allerdings oft auch nicht so zielführend. Ein Beispiel wäre, die Dienstag- und Donnerstagabende deiner Familie zu widmen - egal was ihr in diesen Zeiten tut. Ihr könnt z. B. ein Eis essen, ein Spiel spielen oder gemeinsam das Kinderzimmer streichen.

Bereiche können dir auch helfen, Zusammengehöriges zusammenzufassen und auf einen Schlag zu erledigen. Das kann in manchen Fällen Aufwand sparen, etwa, wenn man alle Einkäufe gleich an einem Wochentag zusammen erledigt oder die gesamte Korrespondenz in einem Aufwasch konzentriert als Block erledigt. In vielen Fällen kann das hilfreich sein, allerdings nicht in allen. Es gibt auch Dinge, bei denen das Verteilen auf regelmäßige, kleine Tätigkeitsschnipsel mehr Sinn macht (etwa beim Vokabellernen). Wende einfach immer das an, was von beiden am besten passt.

Regelmäßige Pausen

Sich immer wieder zwischendurch eine Pause zu gönnen, ist enorm wichtig - auch für die Leistung. Manche Studien gehen sogar so weit, dass rund ein Drittel der gesamten Arbeits- oder Tätigkeitszeit Pausen sein sollten. Das ist allerdings nicht für jeden gleich, jeder hat sein eigenes Maß und seine eigenen Belastungsgrenzen.

Ganz grundsätzlich sind regelmäßige Pausen aber unbedingt empfehlenswert. Die Gesamtleistung mit Pausen liegt immer höher als beim Durcharbeiten ohne Pause, selbst wenn man dabei scheinbar Zeit verschwendet. Eine gute Möglichkeit, das gemeinsam mit der Planung umzusetzen, ist ebenfalls in "90 minutes of life" beschrieben.

Wer bist du und wohin willst du?

Nachdem du in den letzten Kapiteln erst einmal dein jetziges Leben entrümpelt, geordnet und auf Kurs gebracht hast, geht es jetzt darum, Fortschritte zu planen. Grundlage dafür sind wiederum deine Werte. Um deinen Weg zu bestimmen, sind drei Fragen sinnvoll:

1. Wie würde eine Rolle aussehen, wenn deine Werte zu 100% verwirklicht wären?

2. Welche neuen Rollen möchtest du unter Umständen gerne annehmen?

3. Welche kleinen Dinge kannst du verändern oder hinzufügen, um deine Werte in deinen Rollen noch besser zu erfüllen?

So brauchst du dich nicht damit herumschlagen, irgendwelche Ziele zu (er)finden, sondern du gehst von dort aus, wo du gerade stehst. Festgesetzte Irgendwann-Ziele bergen immer die Gefahr, dass sie von irgendwelchen abstrusen Bildern herrühren, die nicht realistisch sind oder dass wir unterwegs die Motivation oder den Plan verlieren. Wenn du dagegen deine Werte im Blick hast und einfach von dort losgehst, wo du gerade stehst, vermeidest du dieses Risiko. Du entwickelst dich konsequent weiter, schreitest stetig voran. Du läufst nie Gefahr, die Richtung zu verlieren, sondern wirklich deine Werte konsequent und zielgerichtet umzusetzen - und damit immer mehr genau das Leben zu haben, das du wirklich willst. Es ist dein Leben, zu 100%.

Eine Antwort auf die erste Frage könnte beispielsweise im beruflichen Bereich lauten, wenn Selbstverantwortung ein wichtiger Wert für dich ist: leitender Angestellter oder Geschäftsführer sein. Es kann aber auch eine Antwort sein, dein ganz eigenes Unternehmen zu leiten und eine neue Rolle als Unternehmer zu spielen, um deine Werte zu verwirklichen. Auf die dritte Frage könntest du beispielsweise antworten: meine eigenen Umsatzzahlen zukünftig an jedem Donnerstagabend analysieren und Potenziale und Schwächen erkennen, damit ich die Umsatzzahlen konstant hochhalten kann. Daraus könnte beispielsweise eine neue Gewohnheit werden, die regelmäßig jeden Donnerstagabend stattfindet.

Kleine Schritte

Wichtig ist dabei, dass Veränderungen immer in kleinen Schritten stattfinden. Du solltest, wenn du neue Tätigkeiten oder gar neue Rollen hinzufügst, immer deinen Gesamtaufwand im Blick haben. Nötigenfalls musst du, wenn du in einem Bereich zukünftig mehr Aufwand verbuchst, bei anderen Tätigkeiten entsprechend Abstriche oder Anpassungen vornehmen. Bedenke dabei, dass neue Gewohnheiten rund 3 - 4 Wochen brauchen, bevor sie zu Gewohnheiten geworden sind. Versuche also, nicht zu viel auf einmal zu verändern.

Dieses Prinzip des Voranschreitens in kleinen Schritten kennt man auch in der Wirtschaft. Es ist das bewährte Kaizen-Prinzip, von dem du vielleicht schon einmal gehört hast. Kaizen bedeutet so viel wie: kontinuierliche Veränderung zum Besseren. Wichtig bei diesem Prinzip ist vor allem, dass die Veränderungsintervalle ausreichend groß sind. Wenn du dir jeden Monat deine Liste mit Rollen vornimmst und in jedem Bereich pro Monat nur eine einzige Verbesserung einfügst, ist das vollkommen ausreichend.

Wenn du versuchst, zu viel auf einmal zu verändern, kann das sehr viel Stress verursachen und dich überfordern. Das drückt dann auch gewaltig auf die Motivation. Achte besonders auch darauf, bestehende Gewohnheiten und Rhythmen möglichst beizubehalten und nur so weit zu erweitern, dass du die Veränderung kaum spürst (etwa indem du aus deinen täglichen 5 Liegestützen erst einmal 7 machst, im Monat darauf dann 9). Stetiges, aber langsames Voranschreiten ist bei Gewohnheiten besonders wichtig.

Teil 3: Praktischer Minimalismus - die Strategien

Minimalismus ist, wie du sicherlich bereits bemerkt hast, kein vorgefertigtes Bild eines Lebensstiles. Sehr vieles hängt von deinen eigenen Werten und von deinen eigenen Gedanken ab. Niemand sagt dir: „Du musst so und so aussehen und dies und jenes tun" - dann bist du Minimalist. Das würde auch überhaupt keinen Sinn machen, auch wenn diverse Blogs oder Autoren das immer wieder versuchen. Beim Minimalismus geht es darum, deine Ziele und deine Werte zu verwirklichen - und zwar so, wie es für dich passt. Nur so funktioniert es, ein gutes und glückliches Leben zu haben. Minimalismus ist eine komplett individuelle Sache.

Dennoch gibt es in vielen Alltagsbereichen bewährte Möglichkeiten, wie man Dinge einfacher und effizienter gestalten kann. Diese Tipps und Anregungen sind, gemeinsam mit einigen grundsätzlichen Überlegungen, in diesem Teil des Buches zusammengetragen. Wie für alles andere gilt auch hier: Veränderungen sollten immer in kleinen Schritten erfolgen. Alles auf einmal zu verändern kann oft schwierig sein. Nimm dir einfach immer nur einen Lebensbereich auf einmal vor und versuche, die Anregungen immer ein Stück weiter umzusetzen. So funktioniert es am besten.

Wo dann tatsächlich das Optimum liegt, bestimmst allein du. Der eine kommt vielleicht mit sogar noch weniger oder noch einfacheren Lösungen aus, für den anderen braucht es in manchen Bereichen dennoch ein wenig mehr. Das ist auch völlig in Ordnung so. Du bist das Maß aller Dinge in deinem Leben. Es ist dein persönliches Genug, das entscheidet, wo die Grenze liegt.

Das minimalistische Prinzip

Auf alle nachfolgend berücksichtigten Lebensbereiche wurde das einfache, minimalistische Prinzip angewendet:

- so einfach wie möglich

- so zweckdienlich wie möglich

- so geringer Aufwand wie möglich

- so klar, übersichtlich und geordnet wie möglich

Das ist das minimalistische Maß aller Dinge.

Der möglichst einfache Weg

Dieses grundlegende Prinzip kannst du praktisch auf alles in deinem Leben anwenden. Auf deine Freundschaften und Beziehungen wie auch auf deine Arbeit oder deine persönliche Körperpflege. Das Prinzip wirkt überall.

Wenn du bei allem, was in deinem Leben zu tun ist, den möglichst einfachen Weg suchst, wird dein Leben immer klarer, einfacher und überschaubarer werden. Das entstresst auch deutlich - unsere Welt ist ohnehin schon viel zu kompliziert und verworren. Niemand sagt aber, dass unser Leben das auch sein muss. Es kann auch eine Menge Spaß machen, immer mal wieder darauf zu achten, ob es nicht einen viel einfacheren Weg gibt, etwas zu tun und dabei den gleichen Zweck mit noch weniger Aufwand oder Dingen zu erreichen.

Manchmal führt das sogar zu Lösungen, die eine echte Bereicherung für viele ärmere Teile der Welt darstellen können, wie etwa bei der durch Schwerkraft angetriebenen Beleuchtung, die völlig ohne Strom und Batterien auskommt. Oder beim SODIS-Verfahren, das schon tausenden von Menschen wahrscheinlich das Leben gerettet hat. Das ist dann gelegentlich ein Nebeneffekt, wenn man nach möglichst einfachen und wirksamen Lösungen sucht. Darum oder darum, die Welt zu retten geht es aber nicht. Es geht vor allem darum, dein Leben so einfach wie möglich zu machen. Je weniger Aufwand dein Leben dich kostet, desto mehr Ressourcen (Zeit und Geld) werden frei für die Dinge, die dich deinen

Zielen näher bringen. Das ist der wichtige Effekt der Vereinfachung.

Aber wenn du Spaß am Tüfteln oder am Kniffeln hast, oder etwas Neues entdeckst, lass dich nicht davon abhalten. Und teile deine Erkenntnisse, Ideen oder Entdeckungen mit anderen. Was heute noch manche belächeln, könnte morgen schon schwer im Trend sein, wie etwa Tarps, Multifunktionsponchos oder Bikepacking. Und das Wichtigste: Hab Spaß dabei!

Zettel kleben

Das sogenannte decluttering (schlicht: entrümpeln) ist für viele der erste Schritt, um das eigene Leben und vor allem den Bestand an Dingen etwas minimalistischer zu gestalten. Das ist immerhin ein guter Ansatz. Allerdings ist das Problem häufig, dass man nicht so recht weiß, was man guten Gewissens auf die Halde befördern (oder noch besser natürlich: verschenken) kann.

Das Problem lässt sich recht gut mit einem bewährten Ansatz lösen: Indem man sich ansieht, wann man Dinge das letzte Mal benutzt hat oder ob man überhaupt in Versuchung kam, die Dinge zu benutzen. Von Dingen, die man mehr als ein Jahr nicht in die Hand genommen hat, kann man getrost annehmen, dass man sie nicht braucht. Da aber kaum jemand spontan sagen kann, wann er das Waffeleisen und den Sandwichmaker vom Dachboden das letzte Mal angefasst hat, kann es sinnvoll sein, auf alle diese Dinge kleine Etiketten zu kleben, auf die man das aktuelle Datum schreibt. Benutzt man das Teil zwischendurch, schreibt man das Datum der Benutzung auf die Etiketten.

In ungefähr einem Jahr kann man dann ganz einfach einmal seinen Hausrat durchsehen und schauen, auf welchen Etiketten das Datum schon älter als ein Jahr ist. Diese Teile wandern dann schnurstracks in die Entsorgung. Das verhindert einerseits, dass man das Entsorgen immer wieder aufschiebt und andererseits hilft es, gerade bei einem mit sehr vielen Dingen zugestellten Haushalt, den Überblick nicht zu verlieren, was man tatsächlich gelegentlich in Gebrauch hat und was überhaupt nicht.

Wer von vornherein schon wenige Dinge hat, wird das sicherlich nicht brauchen - hier herrscht meist auch so schon ausreichend Überblick. Alternativ gibt es natürlich auch den Weg, sich den möglichst einfachen Weg für alles, was man tun möchte, zu überlegen und alles, was dafür nicht notwendig ist, einfach gleich wegzugeben. Niemand braucht zwei Kaffeemaschinen und eine Espressokanne - hier geht es nur um eine Grundsatzentscheidung, welcher Weg der bessere ist. Dann können zwei der drei Teile sofort weg und „juhu“, es herrscht wieder Platz.

Minimalismus in der Wohnung

Nichts spiegelt unsere Lebensweise und unsere Einstellungen so deutlich wider, wie unser persönliches Lebensumfeld. Das gilt genauso für Minimalisten. Man kann das minimalistische Grundprinzip dabei auf beides anwenden: auf das Wohnen an sich genauso wie auf die Gestaltung des Wohnraums.

Wohnen an sich

Tatsache ist: Wir brauchen ein Dach über dem Kopf. Vier solide Wände darunter wären auch nicht schlecht. Alles andere lässt sich völlig frei gestalten. Vier Wände, ein Dach und eine Heizung bieten sowohl Häuser als auch Wohnungen, eine Hütte in den Bergen, aber auch ein Wohnwagen oder Caravan. Für echte Individualisten kann man die Liste der Möglichkeiten auch noch um bewohnbare Höhlen und sehr ökologische Erdbauten erweitern, die immerhin auch schon ein paar tausend Jahre Tradition haben. Digitale Nomaden (also Menschen, die vollständig ortsunabhängig online arbeiten und daher eigentlich ständig reisen können) nutzen meist vorhandene Infrastruktur und mieten einfach für die Zeiten, die sie an festen Orten sind, vorhandene Ferienwohnungen oder Hotelzimmer. Eine ebenfalls interessante und hervorragende Alternative sind auch die charmanten Tumbleweeds (http://www.tumbleweed houses.com). Für rund 30 - 40.000 Euro kann man sie auch hierzulande bauen lassen und auf privaten Grundstücken abstellen - etwa bei Verwandten oder Freunden

- oder auf jedem beliebigen Campingplatz. Auch dort bleiben die Kosten überschaubar, Platzmieten und Betriebskosten belaufen sich auf den meisten Plätzen auf kaum mehr als 1.000 bis 2.000 Euro pro Jahr. Für das Wohnen an sich gibt es also zahlreiche Alternativen zu Haus und Wohnung.

Wie viel Wohnung braucht der Mensch?

Wie groß die eigene Bleibe sein muss, hängt auch vom eigenen Minimalismus ab. Die kleineren Tumbleweeds beispielsweise bieten - durch geschickte Ausgestaltung - schon auf rund 12 - 18 qm für ein bis zwei Personen ausreichend Platz und Komfort, wenn man nicht viel Besitz hat. Es ist schlicht zweckmäßig - Schlafbereich, Küche und Bad sind vorhanden und im Wohnzimmer tritt man sich nicht auf die Füße. Noch kleiner geht auch, wie das kleinste der Tumbleweeds (nicht mehr im Programm) zeigte: Hier fand es eine einzelne Person mit Vollausstattung auf rund 6 qm noch immer komfortabel mit ausreichend viel Platz. Die pfiffige Art der Innenraumgestaltung lässt sich natürlich auch auf jede andere Wohnmöglichkeit übertragen. Viele Konkurrenten von Tumbleweed bieten heute sogar noch teilweise pfiffige Verbesserungen. Wer gerne die Schlichtheit der 1880er Jahre mag, der kann natürlich auch noch mehr rauswerfen: Bett, Tisch, Stuhl, Bullerofen, ein Schrank, eine gusseiserne Badewanne und eine Waschschüssel sind dann die spartanische Einrichtung, mit der man durchaus auch immer noch gut leben kann, wenn man das mag (immerhin war das viele hunderte Jahre Standard).

Es entscheiden also immer allein die persönlichen Vorlieben.

Wenn man anfängt, zu entrümpeln und seinen Besitz auf die notwendigen Dinge zu reduzieren, wird man oft feststellen, dass man eigentlich zu viele Möbel und viel zu viel Stauraum hat. Reduziert man die Möbel auch, wenn sie überflüssig werden, bleibt auf einmal spürbar viel Platz übrig. Darüber kann man sich dann freuen oder über Verkleinerung beim Wohnraum nachdenken. Um in einem Tumbleweed zu wohnen, muss man übrigens gar nicht so viel Besitz reduzieren, da diese kleinen Häuschen unglaublich viel pfiffigen Stauraum biete - deutlich mehr als eigentlich nötig wäre. Wer also gerade mitten im Downsizing (noch so ein Modewort) ist, der kann das durchaus auch im Häuschen durchziehen. Man kann da mit ganz schön viel Gepäck einziehen.

Da der Wohnraum auch das ist, was in der Regel am meisten Kosten verursacht, sollte man sich gelegentlich darüber Gedanken machen, wo und wie man wohnen möchte. Gerade Veränderungen in diesem Bereich wirken sich spürbar auch auf den Rest des Lebens und das Lebensgefühl aus. Wer es sich leisten kann, der kann sich auch mit kleinem Gepäck ein paar Monate auf Reise begeben - Leben aus dem Koffer ist eine echte Initialzündung für das Leben mit wenig Hab und Gut. Man erkennt plötzlich schlagartig, was man alles gar nicht braucht. Und kann es in Zukunft auch getrost weglassen.

Minimalismus im Kleiderschrank

Neben dem Wohnraum ist unsere Kleidung der zweite wichtige Bereich in unserem Leben. Und der Bereich, wo am häufigsten regelrechter Überfluss herrscht. So als Leitlinie kann man sich überlegen:

Man kann immer nur ein Outfit zur selben Zeit tragen.

Kleidung ist aber gleichzeitig auch der Bereich, über den wir uns am stärksten nach außen hin definieren. Eines der ungeschriebenen Gesetze scheint dabei zu lauten: Du darfst keinesfalls immer das Gleiche tragen. Kleiden ist also etwas, was wir überwiegend nicht für uns, sondern für andere tun - und für unser Image. Dieses ungeschriebene Gesetz kann man durchaus einmal hinterfragen. Viel Schlimmes passiert nämlich nicht, wenn man es missachtet.

Ich gebe natürlich zu, dass es für mich als Mann viel leichter ist, mir in Sachen Kleidung eine etwas saloppere Auffassung zuzulegen, als das für das schönere Geschlecht der Fall ist. Ich kenne allerdings durchaus auch Vertreter des weiblichen Geschlechts, die in ihrem Kleiderschrank eine sehr minimalistische und klare Ordnung herrschen haben - ohne Abbruch für ihr optisches Erscheinungsbild.

Wenn man sich hauptsächlich nach sinnvollen und weniger nach werbewirksamen Aspekten kleidet, spielen für die Auswahl an Kleidungsstücken eigentlich nur zwei Dinge eine Rolle: die Witterung und der Anlass. Allzu viele besondere Anlässe gibt es ohnehin nicht, die eine jeweils besondere Alltagskleidung erforderlich machen. Als Mann ist man mit einem schlichten, dunklen Anzug damit in der Regel fertig, also bleibt die Temperatur unsere Hauptsorge. Zusätzlich kann man Kleidung - sowohl als Mann als auch als Frau - in Unterteile und Oberteile trennen. Beide kann man - vor allem für Frauen - auch entsprechend miteinander kombinieren.

Als Mann scheinen - sieht man sich Jugendliche und Jüngere in den Modemagazinen an - Jeans, T-Shirt und Sneakers ohnehin so etwas wie eine Uniform geworden zu sein. Eine Jacke für den Winter, eine für weniger kalte Übergangszeiten und für Regenwetter, Unterwäsche und Socken (eventuell lange Unterwäsche) und ein Pulli komplettieren dann die minimale Garderobe, gemeinsam mit Shorts und Flipflops für den Sommer. Auch der Outdoor-Modetrend der letzten Jahre einer bestimmten Marke versorgt einen mit praktischen wasserdichten Doppeljacken und gut kombinierbaren Teilen, wenn man den Stil mag (meiner ist es nicht). Dazu kommt, was man an Sportkleidung noch braucht - allerdings kann man hier auch intelligent kombinieren. Die Laufhose kann auch als warme Unterziehhose im Winter, wenn die Tage einmal sehr kalt sind und als bequeme Hose für zuhause dienen. Und nicht für jeden Sport braucht man unbedingt die entsprechende Kleidung. Das ist vielfach ein Marketing-Gag, niemand kann mir erzählen, dass man eine Windjacke zum Radfahren nicht auch zum Laufen und Wandern tragen kann - die Outdoor-Marken machen es immerhin vor.

Sehr bequem und minimalistisch sind auch Merino-Wolle-Outfits. Sie haben daneben auch den Vorteil, dass sie hervorragend temperaturregulierend sind und auch nach längerem Tragen weder aus der Form geraten noch Gerüche annehmen (ein Extremversuch wies ein klares No-stink-Prädikat aus - nach 40 (!) Tagen durchgehendem Tragen). Einzelne Marken haben dabei durchaus alltagstaugliche, schlichte und hervorragend kombinierbare Outfits mit hoher Leistungsfähigkeit, die sich auch noch für den Sport eignen und nicht gebügelt zu werden brauchen (Wolle behält ihre Form, wenn sie langsam getrocknet wird). Die größte Auswahl findet man immer noch bei Icebreaker (http://eu.icebreaker.com/de/home) - allerdings muss man den Stil im Alltag mögen.

Stilistisch fährt man ohnehin am besten mit einer dezenten und schlichten Note. Das ermöglicht die beste Kombinierbarkeit und dezente und eher schlichte Outfits laufen am wenigsten Gefahr, irgendwo völlig deplatziert zu wirken. Dunklere und gedeckte Farben bewähren sich meist auch.

Die Zusammenstellung der Garderobe wird sich natürlich stark nach individuellem Stil, Geschmack und jeweiligen Anlässen richten. Für jemanden, der in einer Bank arbeitet, werden die Voraussetzungen wahrscheinlich ganz andere sein, als für jemanden, der überwiegend reist oder für jemanden, der handwerklich arbeitet. Im Allgemeinen kann man aber davon ausgehen, dass man mit zwei oder drei Outfits, die man untereinander kombinieren kann, in der Regel auskommt.

Wäschepflege

Wer einen minimalistischen Kleiderschrank hat und alleine lebt, wird wahrscheinlich selten die Waschmaschine je voll bekommen. Muss man im Grunde auch nicht unbedingt. Gerade für Single-Haushalte, aber auch auf Reisen kann sich die Scrubba (thescrubba.com) als interessante Alternative bewähren. In die Scrubba passen locker zwei komplette Outfits und nach ungefähr 2 - 3 Minuten waschen ist die Wäsche tatsächlich genauso sauber wie aus der Waschmaschine. Dabei wird die Wäsche aber deutlich weniger belastet als in einer Waschmaschine und hält daher auch länger. Zudem hat man auch gleichzeitig eine passende Waschmaschine für die Reise. Die neueste Version ist zugleich als wasserdichter Rucksack nutzbar - allerdings hat man nach dem Wäschewaschen so lange keinen Rucksack, bis die Scrubba wieder trocken ist.

Ich benutze die Scrubba seit Jahren sowohl zuhause als auch auf Reisen und komme damit problemlos zurecht. Gemeinsam mit einem großen Mikrofaserhandtuch, in das man die Wäsche nach dem Waschen und Auswringen einrollt, trocknet die Wäsche auch innerhalb weniger Stunden, wenn man sie aufhängt.

Wie bei allem hängt es natürlich immer davon ab, wie die persönlichen Gegebenheiten und Ansprüche liegen. Gerade bei Kleidung muss hier jeder seinen persönlichen, minimalistischen Weg finden.

Minimalistische Gesundheitsvorsorge

Gesundheitsvorsorge beschränkt sich nicht darauf, dass man zum Arzt geht, wenn man sich krank fühlt und sich ansonsten keinerlei Gedanken macht. Da ein wesentlicher Grundgedanke beim Minimalismus Selbstbestimmung ist, sollte man seine Gesundheitsvorsorge am besten selbst in die Hand nehmen. Natürlich werden die wenigsten zufällig Ärzte sein - aber jeder kann lernen, sich um seine Gesundheit zu kümmern.

Eine vernünftige Ernährung ohne irgendwelche Extreme, ein gesundes Maß an Bewegung jeden Tag und ausreichend Schlaf sind schon einmal eine sehr gute Basis. Vor allem die Bedeutung von Schlaf wird durchgehend unterschätzt. Täglich 8 Stunden zur selben Zeit zu schlafen und dabei in völliger Dunkelheit zu liegen und möglichst eine Stunde zuvor weder Handy noch Fernseher zu nutzen und eine ruhige Atmosphäre zu schaffen kann ein ganz wesentlicher Faktor sein, gesund und leistungsfähig zu bleiben. Die außerordentlich imposante Wirkung von Schlaf auf unser Wohlbefinden, unsere Leistungsfähigkeit und unsere Gesundheit wird gerade erst entdeckt und ist noch lange nicht erforscht. Was wir aus Studien allerdings wissen, ist, dass weitaus die meisten Menschen eindeutig viel zu wenig schlafen - das gilt vor allem für jüngere Menschen. Auch der Rhythmus und dieselbe Zeit für das Einschlafen und Aufwachen an jedem Tag scheint eine wichtige Rolle für unsere Körperfunktionen zu spielen.

Östliche Medizin

Was man daneben auch noch für seine Gesundheit tun kann, ist, sich mit östlicher Medizin zu beschäftigen. Sowohl die TCM (traditionelle chinesische Medizin) als auch der Ayurveda sind in sich abgeschlossene Systeme, die einen wesentlichen Schwerpunkt auf Vorsorge statt auf Heilung legen. Das chinesische System ist dabei das umfangreichere und detailliertere, das auch hilft, zu verstehen, wie der Körper funktioniert. Die einzelnen Systeme, wie Qi Gong, Tai Chi, Akupunktur und Akupressur sowie Kräuterheilkunde beruhen auf den exakt gleichen Grundsätzen und können daher gut kombiniert werden. Alle Systeme integrieren nicht nur körperliche, sondern auch seelische Gesundheit und Wohlbefinden - der Gesundheitsbegriff ist in der traditionellen östlichen Medizin sehr viel weiter gefasst als bei der westlichen Schulmedizin.

Man muss sich allerdings ein wenig damit beschäftigen, bis man die Grundlagen tatsächlich versteht. Vieles läuft unserem westlichen technischen, primitiven Denkansatz (unser Körper als mechanische Maschine) zuwider und braucht daher eine Weile, bis man es versteht. Dass man vor allem TCM in der Schulmedizin recht abwertend behandelt, liegt allein am Dünkel im Westen - etwas, das auf mehr als 8.000 Jahren akribischer Beobachtung und ständiger Verbesserung beruht, muss wohl irgendwie funktionieren. Aber natürlich kann man irgendwelche Chemikalienexperimente und einen Haufen Hightech immer besser verkaufen, weil sie so modern wirken. Ob immer alles gut ist, was dort gemacht wird, möchte ich hier mal ganz klar dahingestellt lassen (ich komme beruflich aus diesem Fach).

Je eingehender man sich mit östlichen Systemen und der dahinter stehenden (sehr ausgefeilten) Theorie beschäftigt, desto mehr wird man über sich und seinen Körper lernen und desto mehr ist man in der Lage, Zusammenhänge zu verstehen und konkret entgegenzuwirken. In China werden auch sehr viele recht ernste westliche Krankheitsbilder sehr erfolgreich mit traditionellen Methoden behandelt - die Ergebnisse sind häufig wirklich erstaunlich. Eine Beschäftigung mit diesen Themen lohnt in jedem Fall - nicht nur wegen der eigenen Gesundheit, sondern ganz allgemein. Gerade die TCM beinhaltet einige wertvolle Erkenntnisse, die für alle Bereiche des Lebens gelten. Wenn man sich dafür entscheidet, sollte man aber bei einem System bleiben. Ayurveda und TCM sind zwar eingeschränkt kompatibel, weil sie auf ähnlichen Grundsätzen beruhen, allerdings muss man beide Systeme sehr gut kennen und den Effekt des jeweils anderen Systems bei einer Kombination von beidem abschätzen zu können.

Natürlich sollte man, wenn man ernsthaft krank wird, zum Arzt gehen. Wenn man aber in kundiger Weise und mit Umsicht vorsorgt, wird man das sehr, sehr selten benötigen und kaum wegen irgendwelcher Alltags-Wehwehchen. Die treten dann nämlich einfach so gut wie nie auf.

Minimalistisch Reisen

Was für das Wohnen gilt, gilt auch für das Reisen: es gibt zahlreiche alternative Möglichkeiten. Wenn man den wesentlichen Aspekt herausschält, geht es beim Reisen ja in den meisten Fällen darum, irgendwo hinzugelangen und etwas Anregendes und Schönes zu erleben (wenn man nicht beruflich reist). In welcher Zeit man wohin gelangt, ist dabei aber nicht immer festgelegt - und damit kommen mehrere Verkehrsmittel in Frage.

Zu Fuß und per Bike

Ein grundsätzlich minimalistischer Gedanke wäre, das möglichst einfachen Transportmittel zu wählen. In den meisten Fällen ist das ein Fahrrad - und tatsächlich erlebt Bikepacking in den letzten Jahren einen regelrechten Boom. Natürlich kann man auch am allereinfachsten einen Rucksack packen und loslaufen. In Sachen Strecke (rund 25 km pro Tag) und in Sachen Gepäck ist man dabei allerdings etwas eingeschränkt. Dafür kann die echte Langsamkeit sehr entspannend sein. Mit einem Fahrrad kann man, wenn man einigermaßen fit ist, recht locker 100 - 120 km am Tag zurücklegen und dabei gut 40 kg Gepäck mitnehmen - sogar die Rad-Weltreisen erleben gerade wieder einen Boom.

Mit Liegedreirädern, wie etwa bei HP Velotechnik (http://www.hpvelotechnik.com/), oder gar einem Velomobil, wie der Quest (http://en.velomobiel.nl/quest/), geht es komfortabler und schneller, zudem ist man auch einigermaßen winterfest. Wenn das innovative Cyfly-System (http://moeve-bikes.de/) dieses Jahr dann endgültig auf den Markt kommt, wird Radfahren wohl auch noch einmal kräftig effektiver. Fahrräder bieten also eine Vielzahl interessanter und angenehmer Reisemöglichkeiten. Dazu kommen dann noch die eher exotischen Varianten, wie z. B. Tandems.

Wer interessante, schöne Routen quer durch Europa sucht, ist entweder mit den Eurovelo-Routen (https://de.wikipedia.org/wiki/EuroVelo) oder auch mit den europäischen Weitwanderwegen (https://de.wikipedia.org/wiki/Europ%C3%A4ische_Fernwanderwege) gut bedient - auf den Weitwanderwegen ist Biken allerdings nicht immer und überall erlaubt und möglich.

Auch die klassischen Pilgerwege (allein in Deutschland gibt es schon mehrere Jakobswege, dazu auch einige in der Schweiz und in Österreich sowie in Polen) sind eine gute Alternative für eine längere Auszeit, wo man auch eine Menge Gleichgesinnter treffen kann.

Unterkunftsmöglichkeiten bieten sich entlang der etablierten Strecken zahlreich und im Sommer tut es auch ein Zelt - Zelten kann man dabei sehr günstig nicht nur auf Campingplätzen, sondern auch bei den meisten Jugendherbergen (meist rund 4 - 5 Euro pro Person inklusive Frühstück). Auch Couchsurfing (https://www.couchsurfing.com/) oder die ADFC-Dachgeber-Community (http://www.adfc.de/ADFC-ReisenPLUS/Uebernachten/ADFC-Dachgeber) bieten interessante und dabei auch noch kostenlose Aufenthaltsmöglichkeiten beim Reisen.

Ultralight Backpacking

Da gerade beim Trekking das Gewicht eine Rolle spielt, wie wohl man sich beim Laufen tatsächlich fühlt, kann auch Ultralight Trekking eine recht interessante Sache sein. Allerdings braucht man etwas Erfahrung mit der Ausrüstung und mit der Auswahl der Ausrüstung. Am besten tastet man sich langsam an das Thema heran und liest sich auch ein wenig durch die Literatur - und vor allem durch die relevanten Foren. Eines der größeren deutschen Foren findest du unter http://www. ultra-leicht-trekking.com/forum/.

Andere Reiseformen

Natürlich sind auch alle anderen Transportmittel nicht ausgeschlossen - auch Flugreisen, Bahnreisen oder Reisen mit dem Camper, Auto oder Motorrad können durchaus minimalistische Reisen sein, wenn man sie entsprechend gestaltet und die minimalistischen Grundsätze im Auge behält:

- Einfachheit

- reduzieren auf das Wesentliche

- aktives Erleben statt reiner Konsumreisen

- klare Planung (zugeschnitten auf das, was einem wirklich wichtig ist)

- Gepäck auf das beschränken, was man wirklich braucht

Minimalistische Ernährung

Wohl kaum ein anderer Bereich in unserer heutigen Zeit ist so derartig mit Ideologien überfrachtet, wie die Ernährung. Vegetarier, Veganer und Fleischesser liefern sich brutalste Schlachten, immer neue Extreme werden erfunden und mit brutal missionarischem Eifer anderen aufgedrängt. Jeder ist davon überzeugt, im Besitz der alleinigen Wahrheit zu sein und dass alle anderen ganz sicher frühestmöglich an ihrer Ernährung sterben werden. Die einen essen nur noch, was Bäume und Sträucher freiwillig abschütteln, die anderen versuchen, sich einzureden, dass Moos und Wildgräser das einzig natürliche Futter für uns sind, für das wir eigentlich gebaut sind. Dazwischen kämpft mehr als die Hälfte der Leute mit ihren Pfunden und versucht verzweifelt, mit allen nur denkbaren abstrusen Möglichkeiten, die Fettreserven wieder loszuwerden. Kurz: Es ist ein Chaos. Ernährungsphilosophien sind wahrscheinlich das beste Beispiel für illusionäre Bilder, in die Menschen sich komplett verrennen - egal wie hirnlos sie sind.

Das ganze Dilemma entsteht deshalb, weil man den Wert von Ernährung nicht messen kann. Auch die medizinische Wissenschaft überbietet sich alle fünf Jahre mit völlig gegensätzlichen Erkenntnissen - und das schon seit 30 Jahren. Vor 5 Jahren noch waren die tierischen Fette absolut pfui - jetzt sind es plötzlich die pflanzlichen. Zuerst war das Fett der böse Menschenkiller, jetzt ist es der Zucker. Mal viele Kohlenhydrate, mal gar keine, mal ein Drittel der Gesamtnahrung. Und Menschen mit bestimmten Krankheiten können / müssen / dürfen keinesfalls Lebensmittel A essen - je nachdem, welches Jahr wir gerade schreiben. Du kannst dich drauf verlassen, dass 2020 alles wieder ganz anders ist, als man es dir heute dringendst ans Herz legt. Also vergiss den ganzen Plunder. Der einzige, der dir sagen kann, was gut für dich ist, ist dein eigener Körper. Alle Theorien kannst du vergessen.

Auch Kalorienzählen ist eher die falsche Richtung. Du kannst kaum abschätzen, wie viel Energie dein Körper gerade nötig hat - also bringt dir die Kalorienzahl gar nichts. Und überhaupt: Wie viel Hitze ein Lebensmittel erzeugt, wenn man es im Ofen verkokelt, ist wohl kaum ein sinnvolles Maß dafür, was du essen sollst.

Lieblingsspeisen

Essen ist - nebenbei - auch unsere wichtigste Belohnung aus der Gönn-dir-was-Falle. Dazu braucht man sich nur die abenteuerlichen und immer irrer werdenden Kreationen aus den zahlreichen Kochsendungen anzusehen. Hauptsache abartig und Hauptsache teuerste und ausgefallenste Zutaten. Wachtelzehennägel auf doppelt panierter Petersilie mit Schnittlauchparfait – himmlisch.

Fakt ist aber:
Ernährung dient allein dazu, deinem Körper die notwendigen Nährstoffe zuzuführen.

Jeden Tag ein Gaumenorgasmus hat mit gesunder Ernährung nichts zu tun, sondern lediglich mit der Gier nach irgendwelchen Kicks. Zudem: Je mehr hirnlose

Dinge du zusammenmanschst, desto mehr machst du es deinem Körper völlig unmöglich, noch irgendeinen Plan zu haben, was er da bekommt. In der unsäglichen High-End-Pampe schmeckt nichts mehr so, wie es das eigentlich natürlicherweise tut. Da dein Körper aber für jede Lebensmittelart die entsprechenden Verdauungsenzyme bereitstellen muss, ist er heillos überfordert.

Das eigene Körpergefühl wieder schulen

Jeder Mensch ist anders und zu unterschiedlichen Zeiten hat auch dein Körper jeweils unterschiedliche Bedürfnisse. Du kannst dich also nur nach deinem eigenen Gefühl richten, um herauszufinden, was dein Körper gerade braucht - und wie viel davon.

Unser Körper hat ein sehr umfassendes und unglaublich ausgefeiltes chemisches Analysesystem, das in Jahrmillionen der Evolution immer weiter perfektioniert wurde - über deine Geschmacksrezeptoren können vom Körper Lebensmittel sehr genau zugeordnet und bewertet werden. Voraussetzung ist allerdings, dass man das System nicht so überfordert, dass es sich komplett ausklinkt. Und dass Lebensmittel nicht so komplett verändert sind, dass dein Körper gar keine Chance mehr hat, zu erkennen, was das ursprünglich einmal war.

Du kannst dein natürliches Körpergefühl wieder herstellen, wenn du deinem Körper Zeit lässt, sich wieder einzuschmecken und dir selbst Zeit lässt, die Signale wieder richtig zu deuten. Dafür gibt es ein paar Dinge, die hilfreich sind:

- für eine Weile nur sehr einfache Kombinationen an möglichst nicht geschmacksveränderten Lebensmittel essen (Salz ist in Ordnung, Zucker in sehr geringen Mengen auch, beide wirken geschmacksverstärkend)

- maximal drei Lebensmittel pro Mahlzeit

- die Lebensmittel pro Mahlzeit nicht durcheinander, sondern hintereinander

- jeden Bissen mindestens 50 mal kauen

- den Geschmack von Lebensmitteln so bewusst wie möglich wahrnehmen

- zwischen den Mahlzeiten von zwei Tagen so viel Zeit wie möglich lassen (also nur ein- bis zweimal täglich essen)

- nur so viel essen, bis das Hungergefühl verschwunden ist, nicht bis zum Pappsatt-Punkt

- keine Vitaminpillen oder Nahrungsergänzungen in dieser Zeit einnehmen (außer medizinisch verordnete)

Du kannst das so lange machen, wie du möchtest. Wahrscheinlich wirst du schon nach ein paar Tagen feststellen, dass dir auf diese Weise das Essen sehr gut bekommt. Deine Verdauung stellt sich sehr schnell auf die geordneten Verhältnisse ein und macht dementsprechend ihre Arbeit ziemlich gut. Genau wie du reagiert dein Körper auf geordnete und klare Verhältnisse. Der natürliche Sinn für den chemischen Wert von Lebensmitteln kalibriert sich dabei wieder und du kannst dich auf die Signale deines Körpers wieder verlassen. Nutze auch die Gelegenheit, so viele Lebensmittel wie möglich auszuprobieren. Achte auf den Geschmack, achte darauf, wobei du dich gut fühlst und was eher Widerwillen erzeugt. Du brauchst keine Angst haben, zu wenig zu kriegen - dein Körper ist evolutionär nicht auf gefüllte Supermarktregale und Superfood ausgerichtet, sondern auf stark wechselnde Nahrungsmittelmengen. Wir sind von Natur aus Allesfresser und damit bestens gerüstet, von dem zu leben, was gerade da ist. Zwei Millionen Jahre lang hat das perfekt funktioniert.

Du kannst das auch als Startschuss dafür verwenden, deine Ernährung in minimalistischer Weise umzustellen. Das bedeutet, eine geringe, überschaubare Auswahl von Nahrungsmitteln (möglichst mit ihrem ursprünglichen Geschmack) und Essen, bis das Hungergefühl weg ist. Lange und langsam kauen, dir Zeit lassen beim Essen und dich beim Essen auf das Essen konzentrieren - und nicht auf irgendetwas anderes. Das ist der einfachste Weg, dein Gewicht wieder in Ordnung zu bringen und deinem Körper die Möglichkeit zu geben, von sich aus wieder zu signalisieren, was er braucht, weil endlich wieder jemand auf ihn hört.

Hüte dich vor irgendwelchen Extremexperimenten und trink genug Wasser (irgendwo zwischen 1,5 und 2 Litern - du wirst spüren, wenn es zu viel ist, vertrau deinem Körper). Regelmäßigkeit ist beim Essen dabei genauso wichtig wie beim Schlaf. Und gesunde und ungesunde Lebensmittel gibt es in ihrer Naturform nicht - dein Körper kann alles verarbeiten, nur eben in unterschiedlichen Mengen. Zucker ist nicht böse, Fett auch nicht und Fleisch schon gar nicht. Und mit Ernährung kannst du deinen Körper nicht dopen, ihn höchstens mit hirnlosen Extrem-Experimenten ins Krankenhaus befördern. Also lass das lieber.

Mehr zu minimalistischen Ernährungswegen findest du auch in meinem Buch "Eat wisely - minimalistische Küche", das ab Sommer 2016 im Handel sein wird. Dort erfährst du auch alles über Essen und Körperrhythmen, über Möglichkeiten, Essen an deine Bedürfnisse anzupassen und über sinnvolle Zusammenstellungen - und noch viel mehr über bewusstes, gesundes Essen in jeder Situation.

Minimalistische (aber gute) Beziehungen

Beziehungen zu anderen Menschen machen einen Großteil unserer Zeit aus. Wenn man es genau nimmt, wird auch unsere Lebensqualität ganz maßgeblich von der Qualität der Beziehungen zu Menschen in unserem Umfeld bestimmt. Als Minimalist kann man zwischenmenschliche Beziehungen dabei auch aus minimalistischen Perspektive sehen - und die minimalistische Einstellung auch auf zwischenmenschliche Beziehungen anwenden. Es geht dann um:

- Klarheit in der Kommunikation, Ehrlichkeit und Offenheit

- Vermeidung von sinnlosem und überflüssigem Geschwätz, nur um Zeit totzuschlagen, weil einem langweilig ist

- Zuhören und versuchen, den anderen erst einmal voll zu verstehen, bevor man seinen Senf dazugibt

- es kommt gar nicht darauf an, immer Antworten zu haben - sondern viel mehr darauf, die richtigen Fragen zu stellen

- Freundlichkeit und Fairness

- Toleranz

- Respekt vor anderen Anschauungen üben

- den Versuch, immer Win-Win-Lösungen zu finden (weil das viel effizienter ist als Krieg)

- mit anderen Menschen dann kommunizieren, wenn es tatsächlich etwas zu sagen gibt

- auf negative Urteile und Ablästern über andere verzichten - jeder tut, was er tut und ist dafür selbst verantwortlich

- nach Lösungen suchen, anstatt zu kritisieren (das führt nämlich zu keinen Lösungen und ist damit ineffizient)

- sich selber nicht immer so wichtig nehmen (der Mittelpunkt der Erde ist irgendwo tief da unten - und nicht bei dir)

Kleinliches Hickhack, endlose gemeine Streitereien um nichts und Angriffe unter der Gürtellinie sind weder zielführend noch effizient - ebenso wie permanentes leeres Geschwätz. Auf beides kannst du als Minimalist gut verzichten, es kostet nur deine Zeit, bringt dir nichts und dem anderen auch nicht. Such positive, aktive und lösungsorientierte Beziehungen zu Menschen und bleib einfach gelassen, wenn jemand austickt - sonst dauert es nur noch länger. Wenn du öfter mal Schwierigkeiten mit solchen Menschen hast, geh ihnen entweder aus dem Weg oder wirf mal einen Blick auf gewaltfreie Kommunikation (GFK). Dieser Ansatz ist sehr wirksam, wenn es darum geht, Situationen zu deeskalieren und zu tragfähigen Lösungen zu kommen.

Und ansonsten: Begrenze deine persönlichen Beziehungen auf ein sinnvolles Maß. Wer den ganzen Tag in irgendwelchen inhaltslosen Kommunikationen gefangen gehalten wird, dem fehlt am Ende des Tages eine Menge Zeit. Befreie dich beizeiten von inhaltsleeren Dingen.

Ausblick

Damit sind wir auch schon am Ende des Buches angelangt. Wahrscheinlich hat sich schon beim Lesen einiges verändert. Versuch nun aber nicht, dein ganzes Leben auf den Kopf zu stellen und alles sofort zu verändern. Lass dir lieber Zeit, genau hinzusehen und zu erkennen, wo Veränderung am nötigsten ist und sie dann schrittweise umzusetzen. Überhaupt ist genau hinzusehen das, was dich im Leben am meisten weiterbringt. Denk nach und versuch zu erkennen, worauf es für dich am meisten ankommt und lass alles andere weg. In deinem Leben bist allein du das Maß aller Dinge. Und steh zu deinen eigenen Werten.

Wenn du das Gefühl hast, dass du oder ein wichtiger Bereich in deinem Leben auf der Strecke bleibt, nimm dir noch einmal den zweiten Teil des Buches vor, sieh dir deine Werte und deine Rollen nochmal genau an. Versuch herauszufinden, womit du dich im Leben wohl fühlst und womit gar nicht. Scheue dich nicht, auch einmal einen glatten Schnitt zu machen und dich von Dingen zu trennen, die deinen Werten nicht entsprechen. Weglassen ist auch eine wichtige Tätigkeit in unserem überfrachteten Leben - und oft eine unverzichtbare, um mit dem, was wir wirklich wollen, voranzukommen.

Minimalismus ist ein Prozess - in kleinen und in großen Schritten, bei unbedeutenden Kleinigkeiten und bei den großen Dingen. Prozesse schreiten kontinuierlich voran. Versuch also erst gar nicht, alles auf einmal zu ändern. Nimm dir gelegentlich auch den ersten Teil des Buches vor und schau, welche Erkenntnisse dir zu den einzelnen Denkanstößen kommen. Und überprüfe deine Rollen jeden Monat, wo du etwas verbessern kannst.

Und nun, ganz zum Abschluss: Mach nochmal den Versuch mit der unlimitierten Kreditkarte und schau, was du jetzt mit dem Geld tun würdest. Wenn überhaupt. Hat sich etwas verändert?

Und wenn du Anregungen, Fragen, Ideen oder auch eine kritische Anmerkung zu diesem Buch hast, dann schreib mir doch ganz einfach unter: 3straightways@gmail.com

Über den Autor

Der in Österreich geborene und aufgewachsene Autor **Marc Hermanus** hat nach einer erfolgreichen Karriere für sich persönlich seine Ziele zu einem großen Teil erreicht. Er widmet sich heute in seinen Vierzigern ausschließlich noch dem Schreiben, der Arbeit mit Menschen auf ihrem Weg zu mehr Freiheit und Selbstbestimmung sowie sozialen Projekten. Nachhaltigkeit und einfache, selbstbestimmte Lebensstile sind seine persönliche Leidenschaft - und auch seine Mission. Persönliches Credo: "Sobald man absolute Klarheit geschaffen hat, was einem wirklich wichtig ist, hat man den größten Teil des Weges bereits hinter sich".

IMPRESSUM

Steffen Burandt
Asternweg 5
49205 Hasbergen

Lektorat: Luca Grothaus
Satz: Christian Balcaen | www.mybookMakeUp.com
Covergestaltung: Lisa Alena Draxler
unter Verwendung eines Fotos von Shutterstock | www.shutterstock.com

Druck: Create Space

ISBN: 978-3-946651-03-1

WISELIFE

Mehr von und über **WISELIFE** finden Sie auf Amazon und Facebook.

14804766R10070

Printed in Poland
by Amazon Fulfillment
Poland Sp. z o.o., Wrocław